NEW SCIENTIST

现在有多长

英国《新科学家》杂志 编著

何玲燕 译

How Long is Now ?

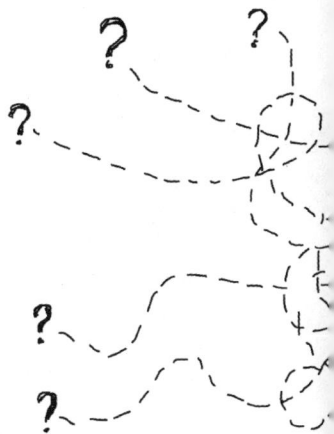

湖南科学技术出版社　博集天卷 CS-BOOKY

图书在版编目（CIP）数据

现在有多长 / 英国《新科学家》杂志编著；何玲燕译 . — 长沙：湖南科学技术出版社，2018.6

ISBN 978-7-5357-9810-7

Ⅰ.①现… Ⅱ.①英… ②何… Ⅲ.①科学知识—普及读物 Ⅳ.① Z228

中国版本图书馆 CIP 数据核字（2018）第 094441 号

著作权合同登记号：图字 18-2017-293

How Long is Now? by New Scientist
Copyright©New Scientist 2016
First published in Great Britain in 2016 by
John Murray (Publishers)
An Hachette UK Company
Simplified Chinese rights arranged with Hodder&Stoughton Limited through Peony Literary Agency
Simplified Chinese translation copyright ©2018 by China South Booky Culture Media co., Ltd.
ALL RIGHTS RESERVED

上架建议：畅销 · 科普

现在有多长

编 著 者：英国《新科学家》杂志
译　　者：何玲燕
出 版 人：张旭东
责任编辑：林澧波
监　　制：吴文娟
策划编辑：许韩茹
特约编辑：叶淑君
版权支持：文赛峰
营销编辑：李天语
封面设计：利　锐
版式设计：梁秋晨
出版发行：湖南科学技术出版社（长沙市湘雅路 276 号　邮编：410008）
经　　销：新华书店
印　　刷：三河市中晟雅豪印务有限公司
开　　本：640mm×995mm　1/16
印　　张：21.75
版　　次：2018 年 6 月第 1 版
印　　次：2018 年 6 月第 1 次印刷
书　　号：ISBN 978-7-5357-9810-7
定　　价：48.00 元

若有质量问题，请致电质量监督电话：010-59096394
团购电话：010-59320018

目录

Contents

引言
-Preface-

　　"最后的话"的宗旨是，追随你的好奇心，不管它将指引你去哪儿。十多年来，这一专栏在《新科学家》杂志的最后一页找到了归宿，它致力于对答案永无止境的探求。每个星期，《新科学家》的收件箱里都装满了令读者困惑的问题，我们会挑选并刊登来自其他读者的最佳回答。我们从多年累积的问题中精心挑选出一部分，将其打磨、包装成册，最终成为你手上的这本书。

　　大多数时候，困扰读者的奥秘来自日常经验：为什么风力发电机有三个叶片？为什么晾衣绳上的毛巾干了会变硬？为什么肚子饿了会咕咕叫？而其他时候，好奇心会集中在更奇特的问题上：为什么斑马有条纹？太阳会熄灭吗？如果一个黑洞吞噬另一个黑洞，会发生什么？偶尔，我们也会收到跟哲学有关的问题：天空有边界吗？大海有鱼的气味还是鱼身上有大海的气味？

我们的读者并不是孤身一人在寻找答案。在这本书中，你还会看到《新科学家》杂志的工作人员在工作中遇到的问题，它们涉及既深刻又平凡的话题。你是否想过：冰为什么那么滑？为什么花粉只会让一些人的鼻子过敏？地球上的生命如何开始，以及人类的生命是怎么开始的？在这本书中你将找到我们给出的最好的解释。事实上，这种对生活中最发人深思的问题的探求正是《新科学家》杂志立身的基石。

毫无疑问，这里面一定有一些问题曾经在你的脑海中浮现。有的问题可能会让你大吃一惊。但不管是大问题还是小问题，都可以在这里找到答案，有的甚至有好几个答案。请始终保持你的好奇心。

弗兰克·斯温
2016 年 6 月

01
CHAPTER

动物王国

条纹毛衣

多年前我听过一个说法，斑马身上的黑色条纹会因吸收热量而升温，白色条纹则相对不会。黑白条纹之间因此产生了一定的温度差，形成空气对流，使得斑马在炎热的气候中也能保持凉爽。关于这些家伙的"条纹毛衣"，还有人了解得更多吗？

——来自澳大利亚新南威尔士州塔姆沃思南的雷切尔·奥·布赖恩

这些黑白条纹的作用可能远不止一个。依据最新的科学假说，它们最主要的功能是驱赶蚊虫。

瑞典隆德大学的苏珊·奥克松与其同事认为，马蝇会被线性偏振光吸引。体色均一的动物反射线性偏振光，这使得它们很容易成为马蝇的目标。而斑马的黑白条纹会扰乱反射光的极化特性，从而降低斑马被马蝇骚扰的概率。雌性马蝇靠吸食动物血液来维持虫卵的发育，不少致命疾病通过这种叮咬得到传播。所以，对斑马来说，能够规避虫蝇的叮咬无疑是它的一个优势。

为了验证这个假说，研究人员制作了不同颜色及条纹的马、斑马和驴子的模型，并在模型上涂抹了昆虫胶，将它们放置在野外。一段时间后，通过计算粘在不同模型上的昆虫数量，他们发现斑马纹模型吸引的蚊虫数量是最少的。

其他研究人员也支持这个观点。其中一个理论是，一片区域的蝇虫数量越多，那里的斑马越容易有条纹。这暗示了，在蝇虫栖息地生活的动物进化出了条纹。

还有一种假说认为（除了之前假设的黑白纹冷却效应），斑马的条纹就像一种独特的条形码。凭借这些条纹，斑马可以辨认出彼此。

艾尔弗雷德·拉塞尔·华莱士等生物学家认为，黑白纹可以起到伪装的作用。斑马在喝水时最容易遭受攻击，但如果是在暮色降临时，黑白条纹会显示为不太显眼的灰色，与周围环境融为一体。伪装术的另一种应用——狮子是半色盲，不能像人类一样察觉斑马和大草原之间的色彩对比。尤其在斑马聚集成群时，这种伪装术对狮子的迷惑效果更加明显。

——来自英国西米德兰兹郡萨顿科尔德菲尔德的迈克·福洛斯

水下的光影世界

不戴泳镜，人在水下就看不清东西，那么水生动物是怎么解决这一问题的？

——来自英国伦敦的埃玛·杰克逊

物体反射的光必须聚焦到眼睛后部对光敏感的视网膜上，我们才能看清物体，不然就只能看到模糊不清的影像。因此，射入眼睛前部的发散光，必须弯曲（折射）到一定程度才能在视网膜上成像。

光从一种介质斜射入另一种介质时，会发生折射现象。对陆生脊椎动物来说，光的折射主要发生在角膜的弯曲面上，其折射率远大于空气的折射率。人眼晶状体的折射率和眼周的折射率相近，它掌握着人眼近三分之一的屈光力，主要负责调节物像的细焦距。

由于角膜和水的折射率非常接近，在水下时，角膜的有效折射率会降低。光聚焦到视网膜后方较远处，我们变成了远视眼，水下的世界于是变得非常模糊。我们可以戴上游泳面罩或泳镜（在角膜前保留一些空气）来矫正水下视力。

显然，对于水生动物来说，情况就不是这样了，否则它们的眼睛就成了摆设。和人眼的晶状体不同，头足类动物和水生动物拥有更强大的球形晶状体，以此来抵消在水下时角膜折射率的损失。下次你吃鱼的时候，可以取出它的晶状体，你会看到其形状和玻璃球一样。真正的问题是，有些动物，例如潜鸟，是如何既能看清空气中的物体也能看清水中的物体的。

——来自英国埃塞克斯郡萨夫伦沃尔登小镇的罗恩·道格拉斯

美酒巡视员

> 有天晚上，我和朋友们在外面喝东西。有人喝伏特加，有人喝波旁威士忌。我们注意到威士忌酒杯边上围着一些缓缓飞舞的小苍蝇，而伏特加酒杯边上却一只都没有。有人知道这是为什么吗？
>
> ——来自美国得克萨斯州奥斯汀的扎克·弗里德曼

这些苍蝇很可能是常见的果蝇，它们会被成熟或腐烂的水果和植物吸引。招来果蝇的是成熟的果子散发的由酯、醇和羧酸等物质组成的复合香味。其中，酯类化合物是一种会散发独特甜美果香的有机化合物。

在波旁酒于木桶内酿熟的过程中，酯类化合物浓度增加，尤其是乙酯，于是波旁威士忌醇洌的酒香中夹杂着花果香。果蝇正是被波旁酒的果香味吸引。也有人喜欢伏特加，不过对果蝇和威士忌爱好者而言，伏特加缺少波旁威士忌的香韵。

——来自英国爱丁堡波托贝洛高中科学部的戴维·缪尔

那些慢条斯理的小家伙无疑是我们常见的果蝇。有一年夏天，我在厨房窗台上发现了一群果蝇。起初，我试着一个一个碾死它们。后来的某天早上，我在装有剩红酒的玻璃杯里发现了几只果蝇。于是，我找了一个瓶子，在里面装上几毫升红酒，成功将它们俘获，最后摇摇瓶子将它们送回了老家。

吸引果蝇的不是酒香，是花果香，这种气味与成熟的水果散发出来的气味非常相似。这就是果蝇更喜欢芳香的波旁威上忌的原因。

——来自德国基尔大学的克彭

远走高飞？

别说怕人了，很多动物，主要是昆虫，还会吸食我们的血液。蚊子、跳蚤、蜱和水蛭就属于这一类，而我们常常不以为意。有些人甚至很不幸地成了马蝇幼虫的宿主。有时，蝴蝶也会落在我们身上，吸食我们的汗水，为的是其中的钠离子。

通常，动物都会与它的潜在捕食者保持逃出距离——逃亡所需的最短距离。这意味着动作更敏捷的动物往往离我们更近。当苍蝇落在人身上时，它可能还是一副扬扬得意、悠然自得的样子。当我们试图去拍它时，我们手掌的动作在苍蝇眼里就像慢镜头一般，它可以轻而易举地躲开。

这一规律也同样适用于体形更大的动物。例如，海豹的逃出距离就取决于它们是身处水底还是海滩。在海里，它们悠然自得地摆动着鱼鳍，深知自己可以轻松地游过我们。而在陆地上，一旦感受到危机，它们会第一时间冲向海里。

在加拉帕戈斯群岛和其他地方生活着这样一些动物，它们允许人类接近，因为它们对人类很陌生，不会把人类视为威胁。可悲的是，正是这种行为导致了渡渡鸟灭绝。

——来自英国西米德兰兹郡萨顿科尔德菲尔德的迈克·福洛斯

我觉得把昆虫人格化是错误的。它们不太可能对恐惧有概念。它们的行为都是进化的结果，也是特定属性的延续。对于昆虫而言，人类的手掌本身并不具有吸引力，真正吸引它们的是手上的汗液或香味。

我不经常与蜜蜂打交道，但我碰到过的那几只似乎并不特别黏人。我敢肯定它们没有躲避挥打的经历。有一回，我经过一片薰衣草花丛，不经意间摆手，碰到一只蜜蜂。它没有蜇我，大概是因为它并不觉得我危险。瓢虫无法快速起飞，它们依靠身体的警告色、恶心的味道和气味来抵御捕食者。所以，它们不会匆忙飞走。

更何况，飞行消耗的能量可比步行要多得多。我曾经遇到过因饿极了而咬我手的瓢虫，但它们通常会四处打转，搜寻食物。当一无所获时，它们便爬到最高点飞走。螳螂比瓢虫更不情愿飞走。它们依靠奇特的移动方式，事实上是不移动，来躲避捕食者。要是被抓住了，它们会明显地表现出不适，并努力慢慢挣脱。不同的昆虫反应不一。

——来自法国布拉尼亚克的特伦斯·霍林沃思

发出嗡嗡声

如果人类不再取走蜂箱里的蜂蜜，蜜蜂王国将受到什么样的影响？

——来自英国亨廷登的拉里·屈勒

作为一个蜂农，我觉得蜜蜂几乎不会受到什么影响。蜜蜂天生就会采食花蜜，只要蜜源植物的流蜜期还在继续，它们就会不停地填充蜂巢的每一处剩余空间来存贮蜂蜜。大的蜂蜜储存量足以帮助蜂群度过一两个荒年。

野生蜜蜂会在大树洞里或是阁楼上筑巢，那里有足够的空间来存贮大量的蜂蜜——重到足以压塌天花板。

——来自英国肯特郡切尔斯菲尔德的彼得·甘多尔菲

蜜蜂储藏蜂蜜有两个原因：第一，为无花的时节储备食物，如北方的冬季或热带地区的旱季；第二，分群，这是蜂群唯一的繁殖方式。

如果工蜂认为这是分群的好时机，它们会筑一个蜂王台，以便现任蜂王产卵。幼虫会被喂食特殊的食物，以保证其发育成能产卵的蜂王。接着，老蜂王会率领一半的工蜂和雄蜂迁移。在离巢前，它们会取走约一半储量的蜂蜜。蜂农知道分群会转移走多少蜂蜜——这太不可思议了，它们居然可以带着那么多蜂蜜飞行。为了防止蜜蜂分群，蜂农每星期都得检查每个蜂箱，摧毁蜂王台。否则，分群的情况就会发生。

如果人类不再收集蜂蜜，那么人工养殖的蜜蜂最终会消失，只剩下野生蜂群。这会大大降低那些通过蜜蜂来授粉的庄稼的产量。

——来自加拿大魁北克省比肯斯菲尔德的安德鲁·卡拉瑟斯

冒牌昆虫？

一个聪明的孩子告诉我，蝴蝶不属于昆虫科，因为当它还是一只毛虫时，它的腿超过了六条。我知道他这种看法是错的，但我不知道原因。我该怎么跟他说呢？

——来自美国俄勒冈州奥尔巴尼的林恩·泰尔扎克

如果你的这位小朋友把毛虫翻过来，他会看到，它前端长着六条有关节的腿，恰好就在它头后面，这些腿会发育成蝴蝶或飞蛾的腿。其余的"腿"没有关节，只是从皮肤里长出来的腹足，毛虫有多达四对腹足，在尾端还有一对尾足。

尺蠖的毛虫没有腹足，只有真正的腿和尾足。尺蠖在爬行时总是拱成半个环，带动尾足接近前面的腿，然后身体前伸，看上去就像在地上测量自己的身长。这就是它们名字的由来——它们用这种缓慢的步态"测量地球"：英国人叫它们"环形使者"，美国人则叫它们"英寸虫"。观察尺蠖爬行，你会发现毛虫的腹足多么有用。

——来自英国米德尔塞克斯郡哈罗的黑兹尔·鲁斯曼

现在有多长
How Long is Now？

臭山羊胆子大?

我家住在托斯卡纳,附近的森林里有一群野山羊。对于这些山羊,我可以不见其"羊",先闻其"味"。为什么山羊这么臭?如果嗅觉相对弱的我都能从那么远的地方闻到它们身上的味道,那么像狼、山猫或其他捕食者岂不是在几公里外就能闻到?

——来自意大利特拉诺瓦的亚历山德罗·萨拉戈萨

散发臭味的是雄山羊,它们借此向雌性山羊显示自己强壮的体魄以及优良的基因。恶臭来源于山羊的尿液和羊角附近的气味腺。这种浓烈的气味会让雌山羊发情,产生交配的欲望。日本科学家给雄山羊戴上帽子,获取并分析发臭的挥发物,成功地分离出了其中最活跃的成分——4-乙基辛酸。雌山羊闻到这种信息素,会引发排卵行为。

对于雄山羊而言,繁衍后代比躲避捕食者更重要。事实上,臭山羊有办法躲避捕食者。它们会成群地在陡峭的岩石边觅食。同时有许多双眼睛在警惕地张望,山羊视觉敏锐,因为它们的瞳孔是水平的狭长切口,增强了其外围视觉。一旦有山羊发现危险,整个山羊群会迅速爬到更崎岖却更安全的斜坡上。

考古学和 DNA 证据表明，家山羊是由一万年前新石器时代的中东农民从源羊（野山羊）驯化而来的。如果圈养的山羊逃跑了，它们很快就会恢复野性，展现出祖先的行为和本能。

——来自英国爱丁堡波托贝洛高中科学部的戴维·缪尔

海豹大餐

由于气候变暖，全球冰层融化，北极熊将会面临饥荒的威胁。因为对它们来说，冒险到薄薄的海冰上找它们爱吃的食物海豹太困难了。但是假设海豹仍然会在某个地方繁殖，那会是在什么地方，北极熊去得了吗？

——来自澳大利亚昆士兰州汤斯维尔的克莱夫·威尔金森

海豹仍然会在某个地方繁殖，这更像是一个空想。北极熊主要以生活在厚海冰上的海豹为食。环斑海豹可能是这些海豹中最主要的一种，只在海冰洞里繁殖。我没听说过环斑海豹在其他地方繁殖。所以，如果海洋冰层融化，这对它们来说可能是个严峻的问题——相应地，对北极熊也是个威胁。

北极熊的食谱不限于海豹，它们也吃别的食物，从螃蟹到海象都被纳入其中。然而，它们的饮食结构依赖于特定的时节。春季，它们主要以生活在海冰上的海洋生物为食，这些动物体内含有丰富的脂肪。其他时候，它们只能随机选择一些不太可口的食物，比如鱼或驯鹿，有时甚至是腐肉或垃圾，来挨过季节性饥荒。少量的这些食物可以提高它们的生存机会，但光吃这些食物难以维生。如果北极熊可以捕到不依赖海冰生活的海豹，或待在海滩上的海狮，毫无疑问，它们可以生存下来，但这种机会毕竟罕见，无法为北极熊提供充足的食物。

——来自南非西萨默塞特的约恩·里奇菲尔德

　　北极熊面临的最大问题是如何抓住它们的猎物。在水中，北极熊根本无法猎取海豹，尽管它们在陆地上行动敏捷。海豹在水边活动，这样北极熊的优势就无用武之地了。于是，北极熊采取了特定的狩猎战略。海豹在冰下游泳、捕鱼，但必须时不时游到水面上来换气。北极熊则固守在冰洞旁，在海豹浮出水面时迅速把它抓住。如果没有足够结实的冰层来承受北极熊的体重，即使海豹数量巨大，北极熊也无法猎食。

——来自澳大利亚新南威尔士州圣奥尔本斯的盖伊·考克斯

抵御黄蜂

獾在攻击蜂巢时如何抵御黄蜂的叮咬？

——来自英国西萨塞克斯郡海沃兹希思的一位园丁

獾拥有强壮锋利的爪子，是挖掘能手。它们动作敏捷，且是夜行动物。黄蜂不愿在夜间离开蜂巢，我听说有人利用这一点成功地挖走蜂巢，并且全身而退。

显然，我们可以把整个蜂巢取走，而不惊动里面的黄蜂。对于亚洲黄蜂来说，确实如此。我们可以在夜间靠近蜂巢，以避免遭到黄蜂反击。但我必须强调，对欧洲黄蜂来说，就不是那么回事了。

——来自法国布拉尼亚克的特伦斯·霍林沃思

1955 年，我参加学校组织的生物之旅，在英国雷克瑟姆附近，我曾目睹一只獾挖走黄蜂巢的整个过程。獾的袭击速度很快——一脚踢走蜂巢顶上的土壤，舔食蜂房里的蜂蜜，随后便离开了。数以百计被惊扰的黄蜂袭击了獾，但獾的皮很厚实，显然不怕蜇。不过，我猜獾暴露在外的鼻子肯定被蜇得不轻。然而蜂蜜的营养价值很高，即使遭受被蜇的痛苦也非常值得。

——来自澳大利亚堪培拉的菲利普·斯普拉德贝里

独行侠

> 许多哺乳动物会协作狩猎，比如狼和狮子。许多鱼类和鲸类也会协作捕食，它们把鱼群赶到一处，形成鱼群风暴，然后把它们吃掉。可为什么没有协作捕猎的鸟类呢？
>
> ——来自英国威尔特郡福克斯汉姆的阿德里安·鲍耶

实际上，群体协作狩猎现象在哺乳动物中非常罕见，它似乎只出现在社群关系复杂的智慧生物中，这些动物群体成员之间的亲缘关系会持续到成年期。因此，母亲和未成年幼崽一起狩猎的现象更为常见。狼、狮子和虎鲸是我们最熟悉的群体协作狩猎型动物。只有当群体征战的成果比单个个体行动的成果更具诱惑时，这种狩猎方式的优势才能凸显出来。

鸟类不像陆地动物那么健壮，它们通常不会捕食比自己体形更大的动物，所以为分享猎物付出的代价往往大于群体狩猎带来的好处。我们可以想象这样的场景——合作捕食在某种鸟类中间行得通。然而演化不是想象，也无法预先计划。

——来自英国北约克郡欣德韦尔的克里斯蒂娜·沃曼

在浅水区，美洲白鹈鹕会成群结对地捕鱼。而在深水区，它们通常会独自狩猎。

——来自美国纽约鲍尔斯顿湖的戴维·鲁宾

根据我多年来对农场的观察，猛禽会合作捕食，分享猎物。在开放的围场里，成对的楔尾鹰会尾随在雏鸭身后。即使雏鸭有父母的照看和保护，它们也完全不是鹰的对手。

我们经常会看到成群的乌鸦一起捕食，尤其是在放羊时。成群的乌鸦会与带着小羊羔的母羊保持一定距离，耐心地等待小羊羔离开母羊或是母羊独自走开去喝水或进食的时机。一旦有机会，它们会迅速行动，攻击羊羔。在空旷的围场里，我看到过几十只乌鸦追捕母羊与羊羔，它们会试图把羊群分开，然后攻击落单的羔羊。这就是乌鸦群被称为"夺命乌鸦"的原因吗？

——来自澳大利亚西澳大利亚州布鲁克顿的安娜·布彻

几年前，我曾去英国珀斯附近的猎鹰基地参观，在那里我认识了奥斯卡，它是一只哈里斯鹰，非常擅长与新手猎鹰训练员合作。一位猎鹰训练员告诉我，这些哈里斯鹰非比寻常，它们成群狩猎，而这可能是它们在与人类的合作中展现出的灵活性以及社交智慧的根源所在。记得有一回我去爬山，惊讶地发现奥斯卡一直陪在我身边。有人告诉我，它大概只是想要搭"电梯"到山顶，于是我让它站在我的手套上。当我爬到了山顶，它又飞走了。显然，它和我一样疲惫。

——来自英国萨里郡东克罗伊登的罗伯特·威廉斯

题主误认为鸟类不会协作狩猎。哈里斯鹰以家庭成员结伴捕猎出名，有时多达十四只，但通常只有五六只。这种捕猎方式和陆地哺乳动物大致相似，适合于在沙漠和干旱的灌木地带狩猎的鸟类，而这些地方正是鹰类的典型栖息地。

哈里斯鹰通过伏击候鸟群来猎食。在追逐过程中，当领头鹰疲劳或掉队的时候，任何一只鹰都可以顶上去。就猎杀次数与发动攻击次数的比例而言，哈里斯鹰是地球上最成功的捕食者，它们会与同伴分享食物。由于它们的群居特性，哈里斯鹰已经被广泛驯养成猎鹰——它们相对容易圈养，加以训练后可以攻击各种目标。有时，猎鹰训练员会放飞两三只鸟，诱发猎鹰捕猎的本能。

——来自英国格洛斯特郡德赖布鲁克的戴维·里德帕思

梅林的魔法

对这种明显的动物自疗行为的研究被称为动物生药学，你家的狗吃鹅草，很可能是为了催吐，以缓解胃不适。我家的猫也经常会吃某种特定的草。不管是原来住在英国，还是现在住在香港，它都会这样做，所以草种的选择似乎和个体偏好没什么关系。鹅草之所以叫鹅草，是因为鹅很喜欢吃这种草。据说这是因为它有助于将蠕虫从消化道排出体外——民间的说法是，叶缘上的钩毛能钩住蠕虫，将它们从体内带出。

——来自中国香港的彼得·西姆斯

我也养了一只四岁的小灵犬，可它对鹅草不感兴趣。我很好奇，究竟是什么激发了梅林对鹅草的这种偏好。鹅草含有许多具有生物效应的化学物质，如车叶草苷、咖啡因和酚类化合物等。草药商把鹅草当作一种茶品，据说它还可以做利尿剂和"淋巴液"使用。

在线"猎犬培训论坛"上提到了鹅草对狗的吸引力，很多人说他们的狗会主动去找鹅草。鹅草到底有什么作用，这显然是一个开放性问题。有个未经验证的说法，它可以降低狗的血压而不伤害心脏，也不会产生副作用。但我对此表示怀疑，狗会意识到自己的血压，或是主动想办法降低血压吗？鹅草和咖啡属同一个科，狗吃鹅草会不会就像它的主人上午喝咖啡提神？

至于你的狗是如何找到鹅草的，我们都知道，狗的嗅觉远比我们想象的要敏锐。酚类具有很强烈的气味，人都可以闻到，所以，即使只有少量酚类，狗也能很容易找到。不过，正如"猎犬培训论坛"所指出的，要想确定是否该鼓励狗吃这种草，只有找兽医检查过才能知道。吃某个东西没有明显的害处并不意味着它对你就有好处。一位兽医告诉我，巧克力现在被广泛认为对狗有害，可是你见过拒绝吃巧克力的狗吗？

——来自英国安格尔西岛的吉利恩·科茨

玫粉色犬鼻

我家的金毛猎犬有个"达德利鼻"，它的鼻子是粉色的，而不是黑色。这种犬鼻首次在英国伍斯特郡的达德利斗牛犬身上被发现，也因此而得名。如果这是基因突变，那它怎么能遗传到其他纯种狗身上呢？

——来自澳大利亚南澳大利亚州乔斯林的艾伦·莫斯克瓦

达德利鼻由 TYRP1 基因突变引起，这种突变会影响黑色素的合成。虽然这种犬鼻首先在斗牛犬身上被发现，但它也会在其他品种的狗身上出现。

达德利鼻只会出现在拥有隐性纯合子基因的狗身上。这就意味着，一对公狗和母狗都长着黑色鼻子，同时也是这种突变基因的携带者，它们生出的小狗就可能有个达德利鼻。

养狗者不被鼓励养育长达德利鼻的狗，除非进行 DNA 测试，否则无法阻止变异基因在繁殖中发挥作用。这就是达德利犬鼻传播给纯种狗后代的方式。

——来自英国汉普郡沃尔瑟姆蔡斯的尼基·鲁德林

猫眼

猫的瞳孔是卵形的，而像狮、豹这些大型猫科动物的瞳孔却和人类一样，是圆形的。为什么会这样？这种差异具有什么优势？

——来自英国多塞特郡韦茅斯的约翰·奈默尔

为了高效聚光，夜行脊椎动物（如猫）具有相对于眼睛的焦距而言较大的瞳孔。这导致了一个狭窄的景深。此外，晶状体对不同的颜色聚焦程度不一，这会导致色差和视物模糊。劣质光学设备生成的图像边缘的彩色条纹也是由这个问题引起的。

为了克服这些困难，一些动物进化出了由焦距不同的同心环组成的多焦点晶状体。每个圆环聚焦光谱的不同部分，从而形成更清晰的图像。狭缝瞳孔是为了适应后来的环境进化出来的，当卵形虹膜在明亮的光线下收缩时，仍然可以使用整个晶状体。收缩的卵形虹膜将覆盖晶状体的外缘。

为什么像狮子这种白天活跃的动物，拥有和我们人类一样的单焦点晶状体和圆形瞳孔？人眼具有的小瞳孔导致了大景深，更长焦距的晶状体则可以将色差的影响最小化。一个合理的解释是，多焦点晶状体对昼行脊椎动物几乎没有任何好处，所以这些动物没有进化出这种结构。

——来自英国爱丁堡波托贝洛高中科学部的戴维·缪尔

几乎所有脊柱动物的瞳孔在昏暗的光线下都是又大又圆的，当光线变强时，瞳孔便会缩小。大部分动物的瞳孔缩小后呈圆形，但是有些动物的瞳孔可缩小成水平或垂直的狭长切口，壁虎的瞳孔甚至由很多小孔组成。也许乌贼具有最奇异的瞳孔形状：在强光下，它的瞳孔会变成 W 形。

要想在弱光环境下看见物体，眼睛要收集尽可能多的光线，这就需要较大的瞳孔。然而，这样的结构有一个缺点——成像质量会降低。这主要是因为，当瞳孔睁到最大时，位于瞳孔后面的整个晶状体都会用来成像。

通过晶状体边缘部分进入的光线比通过晶状体中央部分进入的光线更容易聚焦，这个效应被称为球面像差。光线不会全部聚焦于一点，从而导致图像模糊。然而，在昏暗的光线下，这份代价是值得的。在强光下，瞳孔收缩，只使用部分晶状体，眼睛便能获得更高品质的物像。

在人类和其他具有圆形瞳孔的动物中，虹膜顶端的括约肌收缩形成瞳孔。圆形括约肌的缺点，是瞳孔超过一定大小就无法闭合。在具有狭缝瞳孔的动物中，相应的肌肉可沿狭缝的任意一侧延伸。因此，人类的瞳孔收缩和扩张之后的面积相差可达到约 16 倍，而猫的瞳孔变化面积相差至少是 135 倍，在强光下它的瞳孔面积接近于零。狭缝瞳孔广泛存在于夜行动物中，它们的视网膜适用于弱光环境，在强光下可能会受损。

——来自英国埃塞克斯郡萨夫伦沃尔登的罗恩·道格拉斯

挖掘真相

最近，在经过牛津郡泰晤士路旁的田野和树林时，我们看到了很多鼹鼠丘。它们大多分布在小路边上，而不是在野地里。为什么会这样？

——来自英国伦敦的凯瑟琳·肯内利

我曾经在野外发现一只鼹鼠，鉴于它们的生活习性，这不足为奇。在林地和茂密的植被中，它们可以隐蔽其中，搜寻叶子下面的食物，而无须浪费力气挖掘隧道。然而，在开阔的野外，试图在地面上进食会使它们暴露在外，更何况地面上也没有什么可吃的。尤其是像小路这类区域，是它们地下活动最好的屏障。挖掘一个隧道网络——鼹鼠丘的成因——它们便可以在地下自由活动，因为它们可以因此收获大量误入陷阱的蠕虫或昆虫。

——来自法国布拉尼亚克的特伦斯·霍林沃思

鼹鼠活跃在泰晤士河边，因为善于躲避洪水，喜欢沿着这条小路的高地和斜坡活动。人类选择走这些小路部分原因是为了不弄湿自己的脚。《新科学家》杂志上说，受到洪水威胁时，鼹鼠会挖隧道钻到地面上，它们会游泳，尽管视力很差，但总能找到邻近的干燥地方。

——来自英国爱丁堡的约翰·福里斯特

粪便成瘾者

我们一天清理两次马场。在夏末和秋季，我们经常可以看到三两只深蓝色、发光的甲虫待在马粪下面的洞穴中。它们是如何在这么短的时间内到达那里的（可能最多也就十二小时）？这些甲虫是穿过土壤（夏天时常又干又硬）还是从地上爬过去的？

——来自德国卡佩伦多夫的伊尔卡·弗莱格尔

　　几年前，在新南威尔士州南部的农场里，我放生了五只屎壳郎。这种甲虫起源于南非，经过多年测试后与其他物种一起被引进澳大利亚。屎壳郎之所以能如此迅速地到达马粪那里是因为它们是飞行能手，有些飞起来还会发出响亮的嗡嗡声。它们在马粪上产卵，孵化幼虫大约需要三天，挖掘隧道会导致粪便掉落。这会杀死粪便上

的所有苍蝇幼虫，这些虫卵需要五天时间来孵化。一只苍蝇可以在一团粪便上产下约 3000 颗卵，使用这种方法后，我的农场里苍蝇数量急剧减少，改善惊人。

——来自澳大利亚悉尼的戴维·汉密尔顿

在马粪中挖洞的甲虫肯定是被气味吸引而飞过去的。它们很可能是金龟科的屎壳郎。屎壳郎大概分为推屎工、挖掘工和居民。推屎工会将粪便滚成一个粪球，然后掩埋起来当作食物或在粪球上产卵。挖掘工会潜入粪便，在里面进食和繁殖。居民则栖息在粪便顶部。

你看到的甲虫似乎是挖掘工。多数屎壳郎具有非常敏锐的嗅觉，也是飞行能手。为了避免同类竞争，同时减少粪便硬化后难以开采的风险，屎壳郎会迅速赶到。我在赞比亚工作了二十年，经常去灌木丛解手。有一次，我独自开车经过一条偏僻的道路上，途中靠边停车解手。我一蹲下，便听到一阵响亮的嗡嗡声，当我起身时，一只屎壳郎已经赶到了，并不辞辛劳地精心制作起了粪球。随后，它便滚着粪球火速离开了。当我被这一幕迷住时，越来越多的屎壳郎飞来了。我当时太震惊了，都忘了数究竟有多少只。但在三十分钟后，我的粪便已消失得无影无踪。还有更多的屎壳郎陆续飞来，它们大概是被残留的气味吸引，正四处搜寻。这真是一次令人难忘的野外体验。

——来自瑞士格朗的阿利斯泰尔·斯科特

掉色

我在花园里发现了一只乌鸫，它全身是浅灰色的，并非黑色，但它的眼睛不是粉色的，所以我猜这不是白化病引起的。它在阳光下舒展翅膀，过了一会儿便飞走了。我从未见过这种颜色的乌鸫。还有人了解得更多吗？

——来自英国诺丁汉郡绍斯韦尔的埃里克·比格内尔

我是英国自然历史博物馆鸟类展厅的负责人，鸟类色差遗传是我过去十五年主要的研究领域。在此期间，我了解到鸟类颜色畸变的识别和命名仍然是一个难题。

其主要原因可能是，由基因突变引起的相似畸变，根据原始毛色的不同，会在不同鸟类之间呈现出很大的差异。它也会随性别和年龄的不同而不同。再加上我们离鸟太远或是鸟飞得太快，区分色差往往很困难。

各种名称被随意用来区分突变。白化病和部分白化病这样的术语是最常用的，但经常被误用。题主根据这只鸟没有粉色的眼睛推断出它未患白化病，这是正确的。然而，即便没有看到它眼睛的颜色，你也可以确定这只鸟没有患白化病，因为它是灰色的，因此它身上仍有一部分黑色素。

患上因基因突变导致的白化病的动物不会生成任何黑色素，因为它的色素细胞中不存在酪氨酸酶。所以，实际上根本不存在部分白化病患者。这只乌鸫的灰色羽毛是所谓的稀释的结果。该词从拉丁文"稀释剂"演变过来，意为更淡或更弱，可以被定义为黑色素减少。颜色颗粒的数量减少，但颜色本身不改变。较低浓度的颗粒形成较弱或稀释的颜色。这就好比报纸上刊登的黑白照片：密集的黑色墨水点聚在一起形成黑色，而在差不多大小的区域中较少的黑点则显现为灰色。

——来自英国赫特福德郡特灵的海恩·范格鲁

接着楼上的回答进一步阐述，掉色的乌鸫似乎在"喂蚂蚁"。有些鸟故意躺在蚂蚁巢顶上，展开翅膀，蚂蚁释放的甲酸可以杀死鸟羽毛上的寄生虫。这种现象很不寻常，许多读者可能从来没有见过，即使见过也不知道发生了什么。鸟类经常会保持这种姿势待一会儿，人们于是有机会观察和拍摄。

——来自加拿大魁北克的安德鲁·卡拉瑟斯

楼上那位加拿大的朋友对掉色乌鸫的这种行为的解释似乎有些问题。在英格兰南部的花园里，鸟类经常表现出这种行为，包括乌鸫、知更鸟、麻雀和鸽子，都会这么干：展开翅膀，翘起尾巴，背对着太阳。它们会分布在花园的各个角落，而且似乎只在阳光灿烂的日子才这样做。

我没有见过任何证据显示蚂蚁可以杀死鸟类羽毛上的寄生虫。鸟类的这种行为在春季很常见，在花园的各个角落里可以看到不止一只鸟。它们会不会只是单纯地在享受温暖的阳光？展翅、闭上双眼以及它们的朝向都肯定了这一点。我没有亲眼见过像他说的加拿大蚂蚁的行为，但也许它们只是暂时利用乌鸫的翅膀来乘凉而已。

——来自英国萨里郡沃金的迈克·加勒特

接着上面的讨论，我认为这只鸟正在晒日光浴，而不是"喂蚂蚁"。阳光中的紫外线 B 促进了维生素 D 合成过程中的关键一步。对人类来说，这一过程直接在皮肤上发生，而鸟类的皮肤被羽毛覆盖。为了解决这个问题，鸟类尾巴根部附近的尾脂腺会分泌一种油脂。这种油脂含有前体类固醇，在阳光照射下会转化为维生素 D。这只鸟用喙将这种油脂分散在羽毛上，然后如前所述，晒会儿日光浴，或是边飞边晒太阳，光合产物会在它下一次整理羽毛时被消耗掉。春季，日光浴时间会有所延长，因为经历了黑暗的冬季之后，鸟类会患上维生素 D 缺乏症。

——来自澳大利亚新南威尔士州拜伦贝的查尔斯·索耶

咯咯叫

为什么母鸡下完蛋要大声叫唤？

——来自英国布里斯托尔的詹姆斯·特顿

    在英国布里斯托尔，我散养家禽近六十年，包括矮脚鸡和怀恩多特鸡。我发现：母鸡会在下蛋前十分钟到二十分钟走进鸡窝卧下。它站着产下软壳的蛋，蛋壳在与空气接触的瞬间硬化。然后，它会会静静地卧几分钟，啄羽毛、咕咕叫和休息。接下来，母鸡从鸡窝里跳起来，发出一阵响亮的咯咯声，如果地方足够宽敞，它会冲出一段不短的距离。占主导地位的公鸡听到咯咯声，煽动着翅膀跑向母鸡，立即与之交配。然后，它会上演"踩蛋"的戏码，最终公鸡和母鸡都满意而去。

    所以，这叫声似乎是为了在产蛋后吸引公鸡来交配。如果有竞争对手，公鸡会像任何准爸爸一样在窝外巡逻，然后在母鸡下完蛋后与其交配。在这种情况下，母鸡的叫声可能很小或几乎没有。公鸡在其他时间与母鸡进行交配时，会先上演"踩蛋"的戏码，母鸡不会咯咯大叫。

——来自澳大利亚维多利亚州马尔姆斯伯里的尼娜·杜格尔

完美的栖息

鸟类站着休息，蝙蝠则是倒挂着休息。有没有鸟或蝙蝠是例外呢？为什么它们的休息方式不同？

——戴维·汉布林，通过电子邮件

有一种错误的观念认为，为了使飞行效率更高，蝙蝠的小腿骨骼和肌肉已经退化，因而无法站着起飞。然而，蝙蝠拍打尾膜就可以向上起飞。要是蝙蝠在地上筑巢，以这种笨拙的方式起飞，它们会很容易被捕食，所以，从高处向下坠落起飞是一个更好的策略。

然而，栖息方式的差异并不仅仅是为了躲避被捕食的风险。蝙蝠也具有优秀的飞行能力。这种动物可以在飞行中倒悬并进入几乎静止的状态，这使它们能够从下面抓住合适的栖息点。这意味着蝙蝠可以垄断洞穴顶部和其他难以到达的栖息地点。它们更灵活，因为与鸟类相比，它们的翅膀比躯干大得多。此外，尽管这两种动物的翅膀都是从手臂演变而来，但鸟类的骨骼仅存在于鸟翼的前缘，而蝙蝠的指骨则延伸至羽翼的后缘，因而能更好地控制翅膀。

相反，鸟类缺乏灵活性，这可能会将它们的栖息地限制在更易接近的地方。也许这有助于解释为什么鸟不睡觉，正如我们所知道的——它们轮流休息大脑一侧，以便对捕食者保持警惕，也有可能是为了避免从鸟巢掉落。

然而，有一些鸟，比如短尾鹦鹉，春季时会倒挂在树上。蝙蝠和鸟脚上的肌腱在它们放松时依旧会闭合，紧紧锁住栖息点，保证消耗最少的能量。即使在睡眠中死掉，蝙蝠也不会落到地上，必须有人把它从栖木上敲下来。

——来自英国西米德兰兹郡萨顿科尔德菲尔德的迈克·福洛斯

站着睡觉

影响动物睡眠风格的因素有以下几方面：它站起和躺下的容易程度，躺着睡觉的舒适程度，以及它在环境中面临何种威胁。一般来说，体形越大的陆地动物，越不喜欢站起或躺下，像大象这样笨重的动物不会经常躺下。对于躺着的大象来说，呼吸或突然站起来太困难了。它们的腿已经适应了垂直支撑自身重量，健康的大象可以一直站立，也会靠着某个物体浅睡。它们只有在感觉够安全时才会躺下睡觉。

长颈鹿睡得更少，因为它们面对掠食者更弱势。猫、猪或山羊可以迅速从睡眠状态中起身，所以它们可以自由地蜷缩着身体睡觉。牛和马处于分界点附近。它们一直站着，但如果非常疲惫，也会躺下睡觉。然而，在野外，它们对捕食者感到紧张时，几乎不躺下。

——来自南非西萨默塞特的约恩·里奇菲尔德

作为一名对大象的野外生活具有丰富经验的向导，我可以向读者保证，它们躺着睡觉，与人们的认知恰恰相反。

——来自南非豪滕省派恩高里的罗德·墨菲

蜘蛛女

我的妻子经常被蜘蛛咬伤。谁能解释她对蜘蛛的这种吸引力，并且能给些建议——如何避免被蜘蛛叮咬？

——来自加拿大不列颠哥伦比亚省怀特罗克的史蒂夫·约克

我很同情你的妻子，但如果她经常抱怨自己被蜘蛛叮咬，那可能是个误诊。蜘蛛几乎不会主动咬人，除非它感觉到人类的威胁。不幸的是，人们通常对此不接受，不管他们身上的症状有多真实，其实都与蜘蛛无关。加上医务人员缺乏对蜘蛛的了解或跟病人解释的耐心，问题就更加复杂了。有时反倒纵容了杜撰，加强了人们将病因不明的局部皮肤状况归因于蜘蛛叮咬的惯性。

人们误认为是由蜘蛛咬伤引发的感染和伤害范围令人吃惊：链球菌脓疱、复发性抗甲氧西林金黄色葡萄球菌感染、分枝杆菌脓肿、病毒性水疱、化学灼伤、过敏性皮疹，当然还包括其他动物——蚊子、黑蝇、臭虫、跳蚤、虱子、蜱或吸血螨——叮咬造成的后果。

最近，我的邻居抱怨他总是被蜘蛛叮咬。等他准确地描述了叮咬，很明显可以确定，他是被我们当地的吸血蟓咬伤的。

人们对叮咬的反应差异很大，而吸血蟓很可能是叮咬你妻子的嫌犯。如果真的是叮咬引发的症状，她可能压根不会有反应。

——来自南非西萨默塞特的约恩·里奇菲尔德

全新世公园

> 大约 6500 万年前，恐龙走向灭绝，哺乳动物占领了地球。如果恐龙没有灭绝，哪些恐龙可能会进化成为统治地球的最聪明的生物？
>
> ——来自英国马尔岛托伯莫里的杰克·哈里森

鸟类由侏罗纪时期的兽脚类恐龙进化而来，从 6500 万年前的生物大灭绝事件中幸存的物种是我们今天看到的动物的祖先。巧的是，最近我看到鱼塘里的一群鹅，突然想到，它们可能会被误认为是一群迅猛龙。

如果没有发生灭绝事件，那么"可怕的蜥蜴"可能仍然统治着地球。如果环境没有发生变化，几乎没有选择的压力来推动新物种的进化。

与白垩纪末期有关的气候变化开启了种族进化的新纪元，一些物种经历了巨大的适应性变化以填补新出现的生态位。

这就像洗牌一样。我们无法预测什么样的物种可能会统治地球，也无法预测新物种会是什么样。因为我们不知道什么样的特性结合在一起会更有利于生存。而且，能成为第一个占领某个生态位的物种已经足够了。

——来自英国西米德兰兹郡萨顿科尔德菲尔德的迈克·福洛斯

早在 20 世纪 80 年代初，古生物学家戴尔·罗素认为，伤齿龙是最有可能进化出智力的恐龙。据说，这种恐龙是一种双腿中等大小的食肉动物，被认为与鸟类是近亲。当时，我在《奥秘》杂志上发表了一篇关于伤齿龙是如何进化的文章。从那以后，我们学到了很多关于恐龙及其演化的知识，而罗素原先认为存在直立行走、和人类长相差不多的"类恐龙人"的观点也因此变得荒谬了。

从类人动物到几乎是科幻小说主角的生化迅龙，古生物学家达伦·奈什给我们提供了很多选择，他将故事更新在 scienceblogs.com（bit.ly/CleverDinos）上。我们已经知道有关恐龙进化的另一个事实——鸟类确实是从恐龙进化而来的，正如托马斯·亨利·赫胥黎在看到始祖鸟之后所怀疑的那样。

对所有动物按照其进化关系进行分类的现代体系叫作支序分类学，因此鸟类和恐龙被视为同类。所以，严格说来，恐龙并没有灭绝，而是以鸟类恐龙的形式幸存下来，也就是我们今天所认识的鸟类。乌鸦和渡鸦也进化出了一定程度的智慧。

——来自美国马萨诸塞州奥本代尔的杰夫·赫克特

恐龙 DNA

最近，我看了电影《侏罗纪公园》及其续集。在电影中，琥珀中蚊子腹部的 DNA 可以用来复活恐龙。这在现实生活中能实现吗？

    4.8 亿年前，昆虫和植物一同出现在地球上，但吸血昆虫出现的最早记录要近得多。人们在蒙大拿州的岩石中发现了一只生活在 4600 万年前的蚊子，在中国发现了另一只早于这只蚊子 3000 万年的吸血昆虫。这在时间范畴上属于距今 1.42 亿年至 6400 万年的白垩纪的早期，也就是暴龙雷克斯和其他大多数我们熟知的恐龙生活的时期，这使得它们与吸血昆虫共存的可能性更大了。

    这些昆虫靠吸食其他动物的血液为生，这一结论是通过对其腹部提取物进行分析得出的。这些被识别出的含铁血红素是血液的主要成分，它携带氧气，并使红细胞呈现红色。血浆主要成分是红细胞，此外还有一些白细胞。哺乳动物的红细胞中没有含 DNA 的细胞核。而其他所有脊椎动物都具有含核红细胞，每个细胞核都携带全部基因组。因此，恐龙血浆中的 DNA 含量要高于哺乳动物。

    然而，高水平的分解意味着无法识别在化石中获取的全血细胞。血液的消化吸收和昆虫化石化几乎肯定会破坏任何 DNA。此外，DNA 的半衰期约为 500 年，150 万年后它将无法保留任何信息。

因此，要想在恐龙化石或吸食恐龙血液的昆虫中发现完整的基因组几乎不可能。

不过，让我们想象一下，一只刚刚吸完恐龙血的昆虫不知怎的就被嵌入琥珀中，并且在超级理想的条件下被保存下来。只有对提取的 DNA 进行测序，并将其与参考基因组匹配，才能确定该 DNA 的所有者。然而，我们没有恐龙的参考基因组，所以别无选择，只能尝试一下，看看结果是什么。

为此，我们需要一个完整的、未经损坏的细胞核，将其移植到已去核的未受精的蛙卵中。蛙卵将提供其发育所需的一切物质，移植的细胞核将为新的生物体提供基因指导。

那接下来会怎么样呢？青蛙是两栖动物，无法产下硬壳的蛋，所以移植的恐龙细胞核会发育吗？谁知道呢？电影《侏罗纪公园》也许为我们复活了曾经生活在地球上的最惊人的动物，但我不建议大家在家里模仿。

——来自英国剑桥基因科学园维康信托基金会桑格研究所的阿莱娜·潘采

02

CHAPTER

宇宙探索

阴云蔽日

当天空布满阴云时，太阳还会投下哪些波长的阴影？我可以发明一种在阴天工作的日晷吗？

——来自英国伦敦的斯蒂芬·帕里什

天阴的时候，我们可以通过检测光的偏振特性来推断太阳的位置，从而推断出时间。昆虫和鸟类正是利用偏振光进行导航的。

一般来说，散射光与太阳呈直角偏振。所以当太阳处于最高点时，光线将沿着整个地平线方向，近似水平偏振。当太阳西下时，天空中的光线将沿着南北方向，呈垂直偏振。

1848 年，英国发明家查尔斯·惠斯通斯发明了"极钟"，这是一种类似日晷的装置，可以在多云时使用。通过让管指向北极方向，转动目镜中的棱镜直到光消失为止，可以推导出日光的相对偏振角，给出太阳的位置，从而推算出大概的时间。还有人说，当太阳被云遮蔽或者刚出现在地平线上时，维京人使用水晶日长石来确定太阳的位置。

——来自英国西米德兰兹郡萨顿科尔德菲尔德的迈克·福洛斯

一些无线电波可以穿透云层，太阳确实会发射无线电波，所以制造一种在阴天工作的日晷是有可能的。但是，你需要一个尺寸大于无线电波波长的日晕，否则电波将会被折射到它周围，而无法产生阴影。阴影必须由用于接收太阳无线电波的巨大的天线阵列来检测。这并不简单。人们花了很长时间来研究能够探测到太阳发出的无线电波的装置，直到 1942 年，英国物理学家詹姆斯·斯坦利·海伊才成功探测到来自太阳的无线电波。

不过，还有一种方法。太阳也会辐射出 X 射线，这些射线也能穿透云层。基于 X 射线设计日晷会更容易些，因为它不存在衍射问题，你可以使用荧光镜观察 X 射线落下的位置。

——来自法国莱塞萨尔勒鲁瓦的埃里克·克瓦朗

天空的谎言

在澳大利亚度假时，我发现那里的满月看起来似乎与英国的不太一样。我在网上发现许多评论称在南半球看到的月亮似乎是"颠倒"的。

回国以后，我对比了在北爱尔兰和澳大利亚凯恩斯拍摄的照片，发现似乎只存在大约 70° 而非 180° 的差异。就面向地球的角度而言，世界上存在这样两个地方，从那儿看到的月亮有 180° 的差异吗？

——来自英国的格雷厄姆·芬尼

这引发了若干有趣的问题。首先，假设观察员位于北纬 54° 的北爱尔兰，在午夜时分仰望满月，此时月亮到达南半球天空最高点。月亮的南极将与南地平线对齐。

现在假设你可以在几分钟内将观察员运送到南半球。接近赤道时，他们会看到月亮在天空中升得越来越高，但是它的方位不变。

当他们进入南半球时，月亮将在天顶点，即观察者头顶正上方的位置。此后，他们将不得不向后弯腰才能看到方位不变的月亮——"颠倒的"。

最后，为了避免向后跌倒，他们不得不站起来。现在他们转过头来看月亮，它出现在天空北部，它的北极对着北半球的地平线。

从这个意义上来说，现在月亮看起来是颠倒的，但事实上真正"颠倒"过来的是观察者。

现在，把月球在天空中的路径也考虑进去。月亮（或多或少）沿着黄道的弧线运动，黄道是我们眼中太阳在天空中移动的路径，月面（或多或少）与黄道面保持恒定的方向。黄道面与地平线的角度取决于观察者所在的纬度和时节。

在春分或秋分时，黄道在赤道上空垂直上升，通过天顶。对于在北爱尔兰的观察员来说，黄道面与垂直方向呈 54° 角，对着南地平线；对于位于凯恩斯的观察员（南纬 17°）来说，它与垂直方向呈 17° 角，对着北地平线。

这意味着在月球面相对于地平线的方位上，两地拍摄的月出时的照片将显示出 71° 的差异。我认为这可以很好地解释题主观察到的明显的旋转现象。这是因为照片是在月亮处于天空较低的位置时拍摄的，而凯恩斯位于北爱尔兰南纬大约 71° 角处。

我刚才提到，月球的轨道面或多或少与黄道面一致。这是因为月球并不总以同一面对着地球，它会晃动，这个过程被称为"天平动"。

部分原因是月球的轨道不是圆形。月球围绕地球运转时，会慢慢减速或加速，所以它的轨道速度不会与其自转保持同步。在某些地方，我们可以观察到月面的东西侧。

此外，还有一个周日天平动。我们将观察者从地月中心连线的西侧转至东侧，由于地球自转，他在这个过程中会先多看见一些月球的东侧，然后多看见一些月球的西侧。同理，位于北爱尔兰的观察员会多看到一些月球的北极，而凯恩斯的观察员会多看到一些月球的南极。

最后，考虑到月球轨道面与黄道面稍微错开（夹角约 1°），这使得我们可以看到更多的月球北部或南部。这些效应结合在一起，才使得我们有可能看到约 60％ 的月面，而不是像很多人认为的只有一半。

　　当然这意味着，在不同的地方同时拍摄的两张月亮的照片，不管月亮的方位如何，都不会展现出完全相同的月面。

——来自英国伯克郡沃金厄姆的戴维·沃姆斯利

月亮消失

> **如果月亮消失，潮汐过多久会停止？**
>
> ——来自英国伍斯特的马丁·麦卡恩

如果月亮突然消失，产生潮汐的主要力量将立即（也许正好是引力从月亮作用到地球的时间，约 1.5 秒）消失。但是，由于海洋将在地球的两端汇聚，中间带的海平面相对较低，水将开始振荡。最初，它会从海洋的两个"山丘"流向低潮区，在这里再次汇聚起来。然后水流静止，流向相反方向。理论上，这种振荡将永远持续下去，但实际上随着时间的推移，由于摩擦力和陆地的干扰，振荡会变得更加混乱，同时，由于海床的阻力，振幅也会越来越小。

——来自法国莱塞萨尔勒鲁瓦的埃里克·克瓦朗

好消息是，潮汐停止需要很长的时间——直到地球停止自转，只有一面朝向太阳，或者海洋蒸腾。这是因为潮汐是在月亮和太阳的共同作用下产生的。太阳引力对潮汐的影响略小于月亮引力的一半。月亮和太阳的共同作用会随着月亮轨道位置的变化而变化。

当太阳和月亮连成一条直线时，会产生大潮现象，出现不同寻常的涨潮和退潮。小潮——涨落潮水位差异最小时——发生在太阳与月亮对潮汐的作用力反向的时候。如果月亮消失，地球上海域产生的潮汐只会略微小于当前强度最弱的小潮而已。

——来自英国贝德福德的彼得·斯凯利

溺水的太阳

倾全宇宙之水能浇灭太阳吗？

——来自美国加利福尼亚州圣马特奥的玛雅（六岁）

　　燃烧是一种化学反应，需要三个关键条件来维持：热量（如点燃蜡烛的火柴）、燃料（蜡烛）和氧气（大量存在于空气中）。拿走其中任何一个，火焰就会熄灭。

　　用水灭火很有效，因为水可以很好地消除热量并隔绝氧气。然而，太阳实际上不同于一个巨型蜡烛燃烧时形成的火球。它是一个巨大的等离子体球。太阳的能量并非来自燃烧的过程，而是来自核聚变的过程，太阳核心的热量和压力如此巨大，使得像氢那样轻的原子核被迫聚合成像氦那样重的原子核，同时释放出巨大的能量，维持着地球上的舒适温度。

如果你想熄灭太阳，用一层厚厚的水毯裹住它并不会起什么作用。虽然水可以瞬间消除部分热量，但它同时也会增加太阳的质量，导致太阳内部的压力增加，继而加快核聚变的速度。此外，水分子（由氢和氧组成）受热到一定程度可能会分解成其组成元素，从而提供更多的核聚变燃料。所以，太阳实际上会燃烧得比之前更加剧烈和迅速。

但是，如果把整个宇宙的水全部倒在太阳上会怎么样呢？这只能口头上说说而已。严格说来，你倾倒的是冰而不是水，因为太空温度很低，几乎所有的水都以固态形式存在。理论上，你可以在太阳的质量上加上这么多冰块的质量，这些冰将快速耗完所有的燃料。然后，太阳将像超新星一样发生大爆炸，摧毁地球，留下一颗非常致密的中子星，甚至是一个黑洞。我想这也算是熄灭了太阳。总之，熄灭太阳可能会将太阳系搞得乱七八槽。

——来自英国赫特福德郡的山姆·巴克顿

彗星的形状

67P / 丘留莫瓦－格拉西梅彗星形状不规则。彗星或小行星需要达到多大尺寸才能变成类球形，这中间的过程是什么样的？

——来自英国英格兰珀斯郡的马尔维娜·莫里

计算表明，任何直径超过 700 千米的岩体都应接近球形。体积这么大的岩石天体才有足够的质量来克服流体静力。谷神星是小行星带中最大的天体，直径约 945 千米，接近球形。由于它由冰水组成，不及岩石刚硬，所以，直径达到约 320 千米就可以变成球体。

假设所有行星具有相同的成分和密度，这些计算也表明，一个天体上任何突起（例如山）的最大高度应与该天体的直径成反比。这就解释了为什么直径大约是地球一半的火星上存在比珠穆朗玛峰的两倍还高的奥林帕斯山。此外，体积较大的行星可以保留更多的原始热量——这种能量可以追溯到崩塌成行星的星云的重力势能。这进一步降低了大行星上山脉的高度，因为山下的岩石更加温暖而且没那么坚硬。

——来自英国西米德兰兹郡萨顿科尔德菲尔德的迈克·福洛斯

数星星

当系外行星围绕着它们的恒星运行时，只有当行星绕行到恒星前面使恒星的光变得暗淡时，人们才能从地球上观测到这些系外行星。天文学家有没有计算过多大比例的行星系符合这个标准？如果有的话，是怎么测的呢？

——来自英国德文郡埃克塞特的保罗·利

目前只有很少系外行星被我们直接观测到。其他星体的存在通常需要通过观察其主恒星来推断。当一颗行星绕行到其主恒星前时，从地球上看，这颗恒星会稍微变暗。通过被称为"凌日法"的技术测量恒星降低的亮度可以获得大量信息，例如行星的轨道周期及其相对于主恒星的大小。也可以研究其大气层，从而推断是否有外星人居住。

以这种方式观测系外行星，需要保证行星、其围绕的恒星和地球落在同一平面上。而能够检测到这种对准时刻的概率取决于恒星的大小和行星运行轨道的直径。

如果这颗行星围绕着太阳大小的恒星运行，并且与这颗恒星的距离和我们与太阳的距离一样，那么，我们能够通过"凌日法"探测到它的概率是1/200。

然而，还有许多其他技术可以用于寻找太阳系外行星。其中最成功的要数径向速度观测法。行星在绕轨道运动时会拖拽恒星，我们可以观测到恒星在一个小半径的圆内移动。当它朝地球移动时，发出的光会发生蓝移，远离地球时则发生红移，这种现象可以使用多普勒光谱仪进行探测。在本文撰写之际，人们已经发现了近2000个系外行星，其中有90%是通过上述两种方法发现的。

——来自英国西米德兰兹郡萨顿科尔德菲尔德的迈克·福洛斯

来自月亮的升力

潮汐会受月球引力的影响，那么你的体重是否会随你的位置不同而变化呢？

——普里亚 – 卢安·麦克尼，通过电子邮件

当然会。宇宙中任何物体的重量都是其自身与宇宙中其他物体之间的引力的总和。这使得各种测量变得非常复杂。例如，在 18 世纪，法国天文学家尼古拉·路易·德·拉卡耶来到南非，对地球南半球的形状进行了精密的测量，最后得出结论：南半球是平的。当时他并没有意识到他应该在广阔的平原上进行这些测量。他的各种数据被桌山和皮凯特贝赫山脉的引力严重扭曲，过了很长一段时间，才有人修正了他计算出的形状。

随着月亮从我们头顶爬到西面，然后下降，再爬到东面，我们会变轻，并向一边倾斜，接着变重，并向另一边倾斜。然而，月亮离我们如此遥远，摆动丝线上的一根针对我们体重的影响都远比月亮的影响要大。

——来自南非西萨默塞特的约恩·里奇菲尔德

长波

如果一条水位与海平面持平的运河从东到西穿过亚洲，月球是否会对水位产生潮汐效应，同时伴随着每天的涌潮呢？

——来自澳大利亚昆士兰州佛尼丘陵的林德尔·史密斯

地球上的潮汐现象在月球引力以及较弱的太阳引力的共同作用下产生。即使浴缸里的水也会随着月球经过我们头顶而发生运动，尽管量级微不足道。运河的水也是如此。但潮差——涨潮和退潮时的水位差异——只有在像海洋这样大的水体中才能清晰地显现出来，而且只有在水面与陆地相遇的时候才会被注意到。

涌潮发生在一些河流中，在流向大海的湖泊中较为罕见，但也可以看到，比如著名的挪威峡湾或苏格兰的一些海湾。涌潮的形成需要显著的潮差，通常超过 6 米。进入宽阔的海湾时，涌入的潮水流向河流或湖泊的狭窄开口处，水激荡堆积，形成在河上滚动的波浪。涌潮可以细分为水跃型和波型，前者会使水位突然发生变化。英国的塞文潮就属于波型涌潮，其特征是波前①后面跟着一系列孤波，即孤立波。

1834 年，约翰·斯科特·罗素首次提出了孤波的概念，当时

① 波阵面最前方的曲面。波阵面指某一时刻波动所达到的各点连成的曲面。

他正在苏格兰勘察联合运河的河道。一艘马拉的窄船突然停下来，船底推开的水波以每小时 13 公里的速度向前继续传播了几公里。然而，即使没有船闸，由于涌潮与运河底部和四周产生摩擦，在沿着宽阔的欧亚运河运行时，其能量也会逐渐消失。

　　　　　　——来自英国西米德兰兹郡萨顿科尔德菲尔德的迈克·福洛斯

带我飞向月球

是否有可能让国际空间站脱离目前的轨道，降落到月球上？

——来自新西兰克赖斯特彻奇的戴维·安德森

理论上说，这是可行的，但实际上没法实现。物体从地球低轨道移动到月球轨道，速度需要每秒增加约 3.2 公里。当空间站接近月球时，它相对于月球的行进速度将大于每秒 2 公里，必须将这个速度减到零才可能实现软着陆。这种加速和减速所需的常规燃料的数量将超过国际空间站本身的质量，而且这些燃料必须从地球或宇宙中获取。

但令这个计划实际上无法实现的是，你必须让整个国际空间站软着陆。月球上的重力远小于地球，但仍然需要在空间站四周安装火箭，并且保证所有火箭同时点燃。即使国际空间站有可能毫发无损地登陆月球，其设计也使它在低重力下未必能正面朝上"坐"在月球表面。

——来自法国莱塞萨尔勒鲁瓦的埃里克·克瓦朗

黑洞数

当一个黑洞被另一个黑洞吞噬时会发生什么？

——来自英国伦敦的杰米·马隆

这并不像你想象的那么激动人心。两个黑洞合为一体将创造出一个质量等于这两个黑洞之和的新黑洞。黑洞的表面积与其质量有关，所以合并后表面积会按比例增加。因为黑洞周围通常伴随着吸积盘，在围绕黑洞旋转的过程中，吸积盘向内旋转的速度越来越快，我们可以假定，在两个黑洞相遇之前，两个吸积盘将彼此碰撞，最终形成一个更大的吸积盘。但是，当两个非常热的吸积盘相互碰撞时，辐射将会增加，直到新系统稳定下来。

——来自波兰华沙的约翰·安德森

当两个黑洞相互接近时，它们通常会沿着具有共同焦点的双曲线轨道运行，所以最终会朝不同的方向飞驰而去。如果周围存在恒星，情况会变得更加复杂，黑洞可能会在抛离一些恒星之后围绕彼此运动。这样的轨道运动将永远持续下去，除非附近还有更多的恒星可以被抛离，消耗掉部分能量，使得黑洞可以逐渐相互靠近。一个黑洞也可能直接朝另一个黑洞前进，这样它就会撞到另一个黑洞的视界上。在这种情况下，观察者会看到两个黑洞越来越近（假设它们是可见的），但永远不会看到它们合并。相反，它们会放慢速度，变得更暗，它们发出的光变得更红。这是因为它们的时间慢了下来，以至于我们可能永远都看不到它们侵入彼此的视界，即使这一现象最终会在某个时刻发生。

——来自法国莱塞萨尔勒鲁瓦的埃里克·克瓦朗

旋转的银河系

银河系的旋臂是否是引力波存在的证据？如果不是，那是什么创造了这些旋臂呢？

——来自英国柴郡波因顿的史蒂夫·迈阿尔

旋臂并非引力波存在的证据。根据密度波理论，旋臂区域内气体和恒星的密度要高得多，物质移动的速度比旋臂间区域慢。这个理论解释了旋臂的成因，而一旦产生，它们将自行维持。

靠近旋臂的物质因旋臂区域内的额外质量而加速，然后在穿入旋臂区域时减慢速度。这导致了恒星的大量诞生。与太阳（数十亿年）相比，这些巨大而明亮的恒星寿命（数百万年）相对较短。

这类恒星还没来得及离开旋臂便在超新星爆发中毁灭。只有像太阳这样低质量的恒星，才能离开旋臂并绕着其星系的中心运行，直至最终回到它诞生的地方。

——来自英国康沃尔郡博德明的克里斯·布林德尔

03
CHAPTER

身边的小秘密

我的旧瓷杯

我的陶瓷杯上出现了一条笔直的裂纹。当我用它喝冷饮时，它不会漏水，但是喝热饮时却会漏水。我想这应该与陶瓷遇热膨胀的特性有关，但除了裂缝处，别处肯定也会膨胀。那么这究竟是怎么发生的呢？

——来自英国萨里郡班斯特德的玛丽昂·曼德斯

如果是夹在两个表面之间的平坦壁面上出现了裂缝，那么加热壁面将导致裂纹扩展。然而，陶瓷杯的壁面裂纹可以朝各个方向随意扩展。因此，尽管壁面可能沿切线方向扩展，它们也可能呈放射状向外扩展。

假设受热和膨胀是均匀的，则所有长度的相对比例保持不变。物体的形状——包括任何裂纹在内——保持不变，只是相应地放大而已。这种放大意味着裂缝现在变得更大了，液体就会更容易泄漏。

在高温下，水具有较低的黏滞性，因此更容易渗出裂缝。同时，水也具有较低的表面张力，这意味着它可以轻易润湿表面。这些因素都有助于液体流出。

——来自澳大利亚新南威尔士州的西蒙·伊弗森

如果杯子的温度缓慢上升，整个杯子的体积会随之变大，但比例不变。这会使现有的裂缝也略微变大。但是，也许用杯子内部快速受热时发生的"胀差"现象可以更好地对此做出解释。

如果从凹面加热，弯曲的壁面将会被慢慢拉直。这是由内表面先膨胀引起的。所以破裂的杯子的杯壁会尽力扩展，裂缝也随之变大。当然，杯子的底座限制了这种效果——尤其是底座相对较厚，升温较慢。然而，裂缝依然存在，它的顶部将会变宽，基本上呈窄V形。

——来自英国坎布里亚郡肯德尔的马丁·威尔逊

陶片焊接

我在红糖里放了一块潮湿的赤陶，以保持红糖的松脆。为什么同样的做法却使冰糖变得像砖块那么坚硬？

——来自澳大利亚首都辖区弗洛里的凯丽·格拉夫

红糖是结晶糖和10%糖蜜的混合物，糖蜜是在炼糖过程中生成的一种棕色糖浆。由于糖浆的吸湿性（吸水性），软红糖会有微潮现象。如果里面的水分蒸发，糖就会变硬。为了防止这种情况出现，你可以放一块潮湿的赤陶、一片面包或几块棉花糖来补充水分。

冰糖是另一种完全不同的物质。它是一种细磨糖，由于颗粒小，一旦受潮就很容易发生结块。这种高度精制的颗粒状的糖含水量约为0.05%，并且含有抗结块剂，例如磷酸钙，以吸收水分，防止结块。你放的潮湿的赤陶使得抗结块剂失效，所以冰糖颗粒结成了一块。

有经验的面包师都知道，蛋糕和饼干的成功烘焙在于每一步都使用正确的糖。这就是饼干松脆的秘诀。

——来自英国爱丁堡波托贝洛高中科学部的戴维·缪尔

沸腾

我用微波炉重新加热一杯速溶咖啡，但是加热时间太久了，当我拿出来时，它在沸腾。我兑了一点冷水，它居然又沸腾起来。当我轻轻地倒入自来水时，咖啡表面出现了大量气泡。这是怎么发生的呢？

——来自英国兰开斯特的约翰·戴维斯

这可能并不是咖啡在沸腾，而是溶解于其中的空气在逸出。接一锅自来水，放在炉上开始加热。很快，水面上就会形成微小的气泡，即使水还很凉。你可以用手指来测试（需谨慎）。自来水中溶解的氧常常接近饱和。大多数气体在水中的溶解度随着温度的升高而降低，水被加热时溶解的空气便会逸出。

气泡随着温度的升高而膨胀，并从锅壁近旁逃离，快速上升到水面，继而破裂。这与咖啡奇迹般地重新沸腾起来有什么关系呢？当冷的自来水加入杯中时，水中溶解的空气会在受热时从溶液中急速排出。结果就是，这些泡沫迅速膨胀和爆裂。视觉上很难区分气泡的形成、膨胀和爆裂与水蒸气之间的差别，它们看起来都是气泡，但只有后者才算沸腾。

——来自英国白金汉郡阿姆斯罕姆的彼得·博罗斯

沸腾有赖于加热液体中蒸发的气泡。该过程得益于成核位置，例如表面上的尖角、悬浮颗粒和既有的小气泡，所有这些都有助于新气泡的形成和膨胀。如果气泡内的压力小于液体表面的压力，则气泡会塌陷。这就是水沸腾之前，水壶会"唱歌"的原因。

　　一旦液体达到沸点，气泡内部的压力就足以使气泡持续上升至液体表面，从而将液体分子运送到空气中。这时，事情开始变得不那么简单。实际上，防止气泡塌陷所需的压力略高于液体表面的压力。令人惊讶的是，过量的压力与气泡的半径成反比。也就是说，气泡越小，所需的压力越大，而且，因为压力随着温度升高而变大，气泡就需要越高的温度来维持。这有助于理解在液体中不存在气泡或尖锐边缘的情况下，为什么液体可以被加热到高于沸点而不沸腾。

　　这样的液体被称为过热液体。微波炉加热咖啡不均匀。因此，尽管从微波炉中取出时，咖啡在沸腾，但是在现有气泡逸出之后，部分咖啡可能仍保持着过热的状态。的确，咖啡的平均温度可能高于沸点。加到杯子中的冷水会快速升温并释放出小气泡（空气在温水中的溶解度比在冷水中小）。这些气泡通过在过热区域形成新的气泡，使咖啡再次沸腾。

　　现在，咖啡可能会剧烈沸腾，这是很危险的，因为热液体可能会溅射和起泡。这就是为什么微波炉通常都有警告标识，经过微波炉加热之后，食物应静置一分钟左右才能移动或搅拌。

——来自英国柴郡奇德尔休姆的艾伦·古德温

盖上锅盖

我知道高压强可以帮助我们更快地煮熟蔬菜，盖紧锅盖时，效果显著。但是，我不明白为什么当锅盖半掩着留下一两厘米缝隙时，压力仍然会增加。在我看来，空气和蒸汽可以轻易地通过这个空隙，自由流通，然而半掩着的锅中的液体似乎沸腾得更快。为什么？

——来自爱尔兰都柏林的彼得·奥里甘

半掩着的锅盖破坏了沸水失去热量的关键机制——蒸发和对流。盖严实的锅盖则阻止了较冷的新鲜空气进入加热的液体，从而减少了对流。

蒸汽也是同样的原理。蒸汽几乎会立即在锅盖下冷凝，从而带走大部分热量，然后又返回锅内的液体中。然而，这个答案并不完整，因为有一句古老的谚语揭示了锅的量子特征：如果我们一直盯着，它将永远不会沸腾。

——尼尔·巴里，通过电子邮件

我一直认为，半掩着锅盖的锅中的水快速沸腾是热量滞留的结果，而非压强增大所致。

没有盖紧的锅盖留下的小缝意味着较少的热损失，因此部分封闭的系统中的热量会慢慢增加。这可能产生稳定的但比不盖锅盖时更活跃的沸腾液体。另一种说法是"太多"的热量被保留下来，炽热的液体受热过度，这将导致迅速且灾难性的损失：可怕的沸溢。

——来自英国约克郡的克莱夫·蒂内伊

盖上锅盖水沸得更快，但这不是因为压强增大。盖上锅盖导致蒸汽在锅盖内表面冷凝并将热量带回锅中。盖子完全盖上是最有效的，但半掩着锅盖也会起作用。逸出的蒸汽越多，损失的热量就越多。

——来自澳大利亚悉尼大学的盖伊·考克斯

美味的米饭？

经常听到这样的说法，吃二次加热的米饭不安全。为什么会这样？将米煮沸可以杀死生米中的任何东西。然后，你非常快速地把米饭冻上，这时它几乎可以说是无菌的，在需要时可以重新加热。我已经这样做了很多年，并没发现有什么不良后果。我在拿生命做赌注吗？

——来自英国阿伯丁的埃伦·芬南

蜡样芽孢杆菌是引起二次加热米饭中毒最常见的致病菌。该菌常见于土壤中，芽孢能耐受高温水煮，在米饭冷却时萌发。好在它几乎不会侵入你的器官，但它产生的大米毒素可能会在数小时内引发恶心和腹泻。正常人通过上厕所和补充水分，一般在一两天内得以恢复。然而，急性症状和危险的食物中毒症状很难区分。有些蜡样芽孢杆菌的菌株本身也可能很危险。如果有必要，不要拒绝看医生。

这些后果都可以避免。为了防止出现问题，煮完饭就该趁热吃。如果非要剩一些，你可以将米饭的温度保持在 60℃ 或更高，或尽快将其冷却至冰箱温度（约 4℃ 或更低），以防止细菌繁殖，这意味着你得趁着米饭热气腾腾的时候就放进冰箱或冰柜里。这种热度和快速冷却虽然无法杀死孢子，但会抑制它们发芽和产生毒素。

——来自南非西萨默塞特的约恩·里奇菲尔德

变灰的鸡蛋

每次我做炒鸡蛋的时候，鸡蛋就会变灰。这是为什么呢？

——来自英国剑桥郡哈特福德的莱斯·穆尔

如果你还记得化学老师加热铁屑和硫黄粉来生成硫化铁时，空气中弥漫着鸡蛋味的硫化氢，那么你早就见识过灰色鸡蛋背后的化学反应。蛋黄中的铁与蛋清中的硫结合形成了灰色的硫化铁，在鸡蛋煮得过久时尤其会这样。如果你把一个煮熟了的鸡蛋切成两半，你会在蛋黄和蛋清的接触面上看到一些灰绿色的硫化铁。这种颜色是由灰色的硫化物和蛋黄混合造成的。

为了避免鸡蛋变灰，烹饪的时间不要太长。如果你坚持要吃全熟的鸡蛋，可以加一点黄色的食物为早餐增色。

——来自英国爱丁堡波托贝洛高中科学部的戴维·缪尔

嘶嘶声

> 在放下一整瓶啤酒之后，我必须等多长时间拿给客人才能保证安全，如果系统处于平衡状态，其内部压力是如何建立起来的呢？
>
> ——来自澳大利亚维多利亚州哈顿的罗伯特·沃尔普

啤酒瓶中的压力在静置前后保持不变。变化的是分布在整个啤酒瓶中的微小气泡的数量。瓶子掉落或晃动会产生气泡。当瓶子打开时，这些气泡担任了成核点的角色，溶解于其中的二氧化碳会一涌而出，同时带出大量啤酒。这种浪费很可怕：不仅浪费了好啤酒，同时剩下的啤酒也没气了。题主认为，如果在打开瓶子之前静置一会儿，这种现象就不会发生。等待的时间取决于这些因素：气泡的大小、它们处于液体中的深度以及啤酒的黏度。安全起见，你必须等待足够长的时间，直到最后一个小气泡上升到表面并爆破，然后再开启瓶盖。根据我的经验，约十分钟就够了。然而，十分钟的等待对想喝啤酒的人来说未免太久了，所以你最好将这瓶酒放在冰箱里侧，然后小心翼翼地拿出另一瓶。

——来自加拿大魁北克的安德鲁·卡拉瑟斯

疯狂的泡泡

我有一个手持式起泡器，在做咖啡时用。我可以把刚从冰箱取出的牛奶发泡到原来的两倍大，但加热的牛奶几乎不会发泡。为什么会这样？

——来自加拿大新斯科舍省哈利法克斯的马克·阿尔贝斯塔

奶泡的产生在很大程度上取决于酪蛋白，它可以稳定牛奶中的气泡。这种蛋白质会形成一种叫作胶粒的颗粒，这些颗粒的结构越稳固，泡沫的体积越大，持久性越强。

牛奶还含有许多不同种类的脂肪，这些脂肪以长脂肪酸链与甘油主键连接的形式存在。加热会增加脂肪酶的活性，从而促进脂解作用，即脂肪分解成脂肪酸和甘油的过程。甘油和游离脂肪酸会削弱酪蛋白的结构，使得气泡更容易破裂。

如果是刚从冰箱中取出的牛奶，它的脂肪基本上是完整的，所以酪蛋白能够稳定泡沫。牛奶的新鲜度也对起泡有影响，因为牛奶放置的时间越长，就有越多脂肪被分解。为了打出好的奶泡，你可以使用脂肪含量低的牛奶，如脱脂牛奶，从而更少地产生会削弱酪蛋白的脂肪分解产物。这应该有助于制造出充盈的泡沫，但是口感可能会差一些。

——来自英国赫特福德郡的萨姆·巴克顿

皮革和铁

在孩提时代，我曾见过祖父用皮带磨他那把锋利的剃须刀。这是什么原因？

——来自英国伯克郡温莎的菲尔·韦尔斯

在皮带上来来回回磨刀片是为了去除刀片上的锈斑，这并不会磨掉金属材料。相比之下，在磨石上磨刀会磨去那些不整齐的部分。皮革通常用诸如珠宝商的红铁粉或绿色的三氧化二铬这种复合磨料浸泡过。要想避免皮带上出现切口，同时又要将刃口磨得非常锋利，正确的做法是：剃刀必须放平，并且沿着皮带中心移动。

——来自英国西米德兰兹郡萨顿科尔德菲尔德的迈克·福洛斯

马桶

当外面起风时，我家抽水马桶里的水会动。这是为什么？

——来自英国艾尔郡基尔马诺克的托尼·桑迪

这种现象背后是全国的排水管道系统。抽水马桶与地底的下水道连接，但同时也与大气相连通。设置这种通风管的目的是给污水管道通风，污水管道将马桶冲下来的水和废物带到下水道。你家的马桶有一个 U 形管道，用来存储少量水以形成水封，防止污水管中的有害气体窜入浴室。冲厕所时，冲向管道的水会产生负压，水封本来会被从 U 形管道中带出去。而排气管因连通外界，能够吸入一些外部的空气来防止这种情况发生。

通风管的出口需要安装在远离窗户的地方，因为它直接与污水管相连，会有气体逸出。这就是为什么大多数通风管安装在屋顶。当风吹过通风管的末端时，会发生伯努利效应，在管道中产生吸力，将水从 U 形管中吸出。如果有风，马桶里的水就会上下晃动。

——来自英国白金汉郡艾尔斯伯里的马尔科姆·尼克尔斯

恐怖的蜡

> 六个月前，我把一盏杯烛装在一个透明的塑料盒子里，并把它放在窗台上。现在，它看起来很奇怪，蜡中长出了苍白的"根"。这是怎么发生的？
>
> ——罗斯·豪伊，通过电子邮件

我想这个图案是由石蜡分子结晶形成的，可能是由于窗台的温度升高引起的。石蜡会随温度升高而融化，随温度下降而结晶。这个过程被称为热循环再结晶，通常出现在糖、盐等的工业制备过程中。它还被用于生物蛋白质结晶，以便对蛋白质的分子结构进行 X 射线衍射分析。

线索就在于生长出来的"根"缺乏颜色。由于烛蜡中的染料分子与石蜡分子具有不同的形状和尺寸，因此，当晶体生长和收缩时，石蜡分子会取代染料分子。如果仔细观察，你可能会在晶体周围看到一圈色晕，这是排出的染料聚集后形成的。最终，石蜡分子将结合在一起形成大块的纯石蜡。

——来自加拿大安大略省多伦多的比尔·杰克逊

液体中的黄金

我最近在超市里看到了伏特加，里面有真正的金叶片。吸引我的是金片分散在整个瓶子里。黄金的密度比酒精大，它们为什么不会沉入瓶底呢？

——安德鲁·梅纳杜，通过电子邮件

静置足够长的时间，金片就会沉到瓶子底部。它们保持相对均匀的分布的原因是，它们细小且轻盈，可以保持漂浮的状态。金的可塑性很强，这意味着它可以很容易地被加工成厚度为千分之一毫米的薄片。

瓶子时不时地被挪动，或者人们走过引起地板振动，抑或是液体中的温度变化产生的热对流都足以影响金片，使它们漂浮不定。这也适用于空气中的灰尘、烟尘和烟雾颗粒。

——来自英国萨里郡坎伯利的伊恩·戈登

斯米诺的金肉桂味利口酒就会展现出这种现象。如果把这瓶酒顺时针轻轻旋转约 45°，那么金片也会顺时针运动，然后在酒瓶停止转动时逆时针"反弹"。搅拌汤的时候，你常常会看到类似的反弹现象。这不是牛顿流体会有的表现，所以瓶子中可能包含通常成分以外的东西——也许有一些胶凝剂。

瓶子里的凝胶状运动让人联想到一种较弱的宾汉流体，在低应力下，它表现出刚性，直到作用其上的剪应力达到某个特定值时，它才会表现出黏性液体的状态（例如，蛋黄酱）。

这可以通过摇动瓶子和观察气泡的运动来确认：当它们上升时，你可以清楚地看到它们穿过隐形的固体基质，甚至还有一些气泡被困在其中。

——来自英国北约克郡哈罗盖特的特里·柯林斯

洗出裂痕

我发现用洗碗机刷碗时，玻璃底部会产生裂纹。为什么会这样？

——来自英国东艾尔郡基尔马诺克的托尼·桑迪

小时候我帮妈妈洗碗时，她会告诉我，不要用冷水冲洗热玻璃，它们可能会破裂。后来我了解到，玻璃的延展性差，不同厚度的材料收缩速度不同，从而导致破裂。

像许多物质一样，玻璃会随温度的变化膨胀或收缩。厚度不均匀的玻璃杯更容易因热冲击而破裂，因为薄的部分比厚的部分升温或冷却更快，从而膨胀或收缩得更快。洗碗机的工作温度（70~75℃）比手洗的温度（40~45℃）更高。当洗碗机里的热水碰到冷的厚底玻璃时，会引起不同程度的膨胀，继而产生裂纹。

有些人用热水给汽车挡风玻璃除霜。由于同样的原因，他们可能会发现这是一个令人"炸裂"的经历。较旧的挡风玻璃更容易破裂，因为碎屑和划痕为裂缝提供了成核位点。

——来自英国爱丁堡波托贝洛高中科学部的戴维·缪尔

卷曲

我一直在为修改考卷做笔记，我发现笔记纸顶上的角会首先向内卷，接着是底部的角。这是为什么？我用的是黑色圆珠笔和白色 A4 打印纸。

——古尔林·考尔，通过电子邮件

我猜你的字肯定写得相当小，间距也很小，并且你比正常写字时更用力。这会压紧纸张的纤维并使其向旁边扩张，从而有效地将笔下的纸张拉伸开来。因为你没在纸张的顶部、底部和边缘写字，这些部分不受影响，因此卷了起来。

与这种效果类似但成因不同的一个例子是光照下的三明治。大多数人会注意到，光照下的三明治的边角很快开始卷曲，变得不好吃。这是由面包表面变干和收缩引起的。

由压力引起的拉伸效应被制造商用于生产汽车和飞机的弯曲面板。一种名为"英国轮"的机器正是为此目的而诞生的。它包含一个坚固的 G 形框架，可以支撑大的平面轮。下面有一个小轮子，边缘弯曲。金属片在两个轮子之间前后移动。熟练的操作者可以生产出相当复杂的形状。有许多在线视频展示了机器如何运作。在"英国轮"发明前，人们用锤子实现金属的拉伸。

——来自英国萨里郡戈德尔明的鲍勃·哈拉汉

钢丝球

我生活在硬水区，经常用不锈钢钢丝球来清洁水壶。钢丝球去除了杂质，否则它们会在水壶内形成水垢。钢丝球是如何产生作用的呢？

——来自英国西约克郡奥特利的克里特萨斯

如果想除去某些东西，你可以使用化学、物理或生物试剂，或者提供一种它偏爱的环境。一些园丁种植旱金莲来吸引蚜虫，从而保护他们珍贵的植物，而不是使用农药。然后，可以通过物理手法将蚜虫从旱金莲上去除，否则，植物感染最严重的部位可能会枯萎。

类似地，水垢优先沉积在钢丝球上，因为钢丝球具有比水壶更多的成核位点，比如微小划痕，为水垢（主要是碳酸钙）的结晶提供了生长点。钢丝球无法捕获沉积的所有水垢，但可以定期将其浸泡在醋中以溶解积聚物，然后重新使用。别用五金店买的廉价钢丝绒。它易受腐蚀，产生的锈会使煮出来的茶和咖啡的颜色变深。

——来自英国爱丁堡波托贝洛高中科学部的戴维·缪尔

晾硬的衣服

> 我们一直把洗完的衣服挂在后花园的晾衣绳上晾干，而不用电动滚筒式烘干机，为保护我们的地球尽微薄之力。如浴巾和袜子这些较厚的材质晾干后，会变得又硬又粗糙，而用滚筒烘干机烘干后却变得柔软蓬松。为什么会这样？
>
> ——来自爱尔兰恩尼斯科西的罗南·蒂尔尼

在滚筒式烘干机中，较重的织物发生了"颤动"。这是干燥器施加的离心力以及纤维间的毛细吸力共同作用的结果。自然风干时，如果织物在硬水中洗涤过，其含有的矿物质将沉淀出来，这会促使纤维黏合在一起。

为了防止这一点，你必须模拟烘干机在烘干衣物之前分离纤维的动作。海獭是这个领域真正的专家（虽然它们不必用到甩干机或烘干机）。看看它们梳理自己和幼崽皮毛的视频可能会很有助益，至少很有趣，娱乐的同时也许会让你"顿悟"。

作为一个可以随时在户外晾干衣物的单身汉，我无法为烘干机代言。将每块毛巾挂出去晾干之前，我都会用力甩一甩。浴垫太重，但你可以把上面的短绒毛抖松。我感觉这很管用。

——来自英国伯克郡梅登黑德的迈克·库恩

质量太好

> 我家那张花园桌和四把椅子自买来已有十五年了，一直被放在户外，任凭风吹雨打，但它们现在看起来还和刚买来时一样新。我想知道它们是用什么做的，上面涂了什么油漆。
>
> 它们是金属材质，比较轻巧。只有几处油漆剥落的地方露出金属的颜色，是一种闪亮的银色，没有生锈。油漆本身是浅蓝色，不会剥落。只有狠狠敲击才有可能损坏漆面，然后露出一点金属。这套桌椅质量真棒，真希望我能想起是在哪里买的。
>
> ——来自英国牛津的戴安娜·史密斯

题主的花园家具很可能是铝制品，这是一种耐腐蚀的低密度金属。铁生锈时，产生的氧化铁会脱落，暴露在外的铁继续发生氧化。除非以某种恰当的方式保存，否则铁制品最终将被完全锈蚀，变得非常脆弱。这就是为什么英国交通运输部将锈蚀检查作为机动车辆道路适应性测试的一部分。相反，当铝的表面发生氧化时，产生的氧化物不会剥落，而会形成钝化保护层——锈被刮掉时闪光的金属会露出来。

铝制品需要先刷一层底漆，这样涂料才能黏附其上。坚韧的聚酯粉末涂料可能已被广泛应用，但如果要在室外使用，乳胶漆是目前最理想的选择，因为它良好的耐候性能适应户外家具必须经受的巨大温差。

——来自英国西米德兰兹郡萨顿科尔德菲尔德的迈克·福洛斯

你的家具可能是铝制品，这种轻质金属暴露在空气中会形成氧化铝保护层。由于这种氧化物不透气、不透水，并且不会剥落，防止了进一步的腐蚀。

这层氧化物可以通过阳极氧化来加强。实际上，铝化物作为电解池中的阳极，氧与其发生反应可以使氧化层进一步增厚。氧化层的另一个优点是可以染色，因此色彩便成了家具表面结构必然的组成元素。你的花园家具可能就是这种情况。通过这种方式，铝制品表面可以被涂上各种迷人的色彩，以抵御天气的变化和孩子的破坏。

——来自英国爱丁堡波托贝洛高中科学部的戴维·缪尔

测量的奥秘

为什么一些英制卷尺在 16 英寸、32 英寸和 48 英寸的地方有明显的标记？

——来自英国布里斯托尔的约翰·贾维斯

间隔 16 英寸的标记是用来测量托梁和壁骨的标准间距的。托梁是支撑木地板的水平木梁，而壁骨则是为蒙着石膏板或类似板材的中空非承重墙搭建框架结构的木条。这样的间隔标记为木匠省去了计算 16 的倍数的麻烦。

在这个问题的启发下，我量了我家的维多利亚式房屋地板上的托梁间距，大约是 18 英寸。这或许是因为维多利亚时代的人买得起需要较少支撑力的厚地板。有趣的是，我有一把公制卷尺，上面 41 厘米（相当于 16 英寸）处没有任何标记。

——来自英国利物浦的戴维·杰克逊

04

人体

心心相印

　　昆虫和其他小生物没有心脏，它们拥有背血管，通过分段收缩让血淋巴在全身循环。然而，这种液体并不携带氧气，因为借助周围空气的渗透便可实现呼吸所需的气体交换。像我们这些大型生物需要密集排列的表皮组织（例如鱼类的鳃或其他动物的肺）来完成气体交换，需要血管网络来运输气体，以及一台泵来输送血液。

　　心脏可以被视作一台完美进化的高压泵，就功率重量比而言，它可能胜过分布式系统。然而，这种结构确实会引起血液和血管壁之间的摩擦。因此，闭合循环系统中的血压随着体重增加而增加。较高的动物必须克服重力将血液输送到高处。

拥有更多心脏的想法不错，但为了正常运转，每一颗小心脏都需要将瓣膜打开，哪怕它出了问题，血液仍然可以被输送过去。为了最大限度提高效率，当入口处的压力达到最大时，每个心脏都必须跳动，这远比管理一颗心脏复杂。

——来自英国西米德兰兹郡萨顿科尔德菲尔德的迈克·福洛斯

夜间视觉

如果我在黑暗的房间里闭上眼睛，我会开始感受到光亮。它们以两种形式出现：第一种犹如夜空中的星星，过一段时间，不规则的蓝色或紫色斑块会形成环，它们逐渐变小，直到消失，并被另一种图案替代。随着时间的推移，图案变得越来越复杂。当我睁开眼睛时，亮光便消失了，只剩房间里微弱的光线。这种经历是否普遍，我们该如何解释？

——来自澳大利亚维多利亚州萨里山的克里斯·吉尔菲兰

这种现象被称为光幻视。出现这种现象是因为我们的视觉系统从不关闭。即使在没有光子的情况下，当我们的眼睛闭合或在我们睡着时，视觉系统中的神经元也在不停地工作。"看到星星"也可能是头部遭受打击或其他机械刺激造成的，比如疲劳时揉搓闭上的双眼。

艾萨克·牛顿冒着失明的危险对自己的视力做了进一步调查。他的笔记本记录了他在眼球和眼窝中间戳了一根粗针使眼球变形，并记录下了他观察到的图案。当我们起身太快或者吸食如麦角酸二乙基酰胺或赛洛西宾这样的迷幻药物时，血压骤降也会导致眼前出现这种图案。

也许我们应该反过来考虑这个问题。当我们闭上眼睛时，为什么应该是漆黑一片？毕竟，当我们睁开眼睛时，眼睛的红外辐射（热量）大约是透过我们瞳孔的可见光能量的 100 万倍。事实证明，闭上眼时红外光子缺乏足够的电磁能，无法在视网膜上被探测到。

——来自英国西米德兰兹郡萨顿科尔德菲尔德的迈克·福洛斯

阿嚏……

为什么我们在睡觉时不打喷嚏？

——来自英国艾尔郡基尔马诺克的托尼·桑迪

这个问题具有引导性，"我们"意味着我们所有人。如果我感冒了，我经常会在睡觉时打喷嚏。这会把我妻子吵醒，然后她会叫醒我，告诉我打喷嚏影响了她的睡眠。

假如我独自睡觉，我就不会醒来。指明这一点的意义在于，夫妻一起睡觉，才知道对方是否会打喷嚏。于是这就成了一个博士课题。

——来自英国坎布里亚郡弗卢克堡的罗恩·珀塞尔

打喷嚏是反射反应——一种对内部或外部刺激的不自觉反应。在快速眼动睡眠期间，由于肌张力缺乏，运动信息无法从大脑传到肌肉，因此身体处于部分麻痹的状态，反射反应也随之关闭。这是为了防止睡眠者把梦中的场景表现出来，伤害自身或床伴。既然反射信号不起作用，睡觉时也就不会打喷嚏。如果非打喷嚏不可，快速眼动睡眠期间的肌肉迟缓会结束，你会在打喷嚏之前醒来。有过这样的案例：人在快速眼动睡眠期间出现睡眠行为障碍，将梦中场景演示出来，最后因伤害伴侣而被送交法庭。大概这些人会在睡眠中打喷嚏。

——来自英国爱丁堡波托贝洛高中科学部的戴维·缪尔

哐啷，砰，嚓……

> 为什么大音量的噪声让人痛苦？这些声音并没有造成身体上的损害，却引起精神上的痛苦。我曾经听到卡车上装着一堆空玻璃瓶发出的声音，那种噪声太让人难受了。我不得不赶快离开。
>
> ——来自英国兰开斯特的艾伦·瓦特

　　卡车上玻璃瓶发出的噪声让你感到不适主要有两个原因：音量和杂乱的频率。人耳使用耳蜗中微小的毛细胞检测声音。声波引起这些细胞的机械变形，并通过听觉神经向大脑发送电信号。不同的毛细胞处理不同频率的声音，耳蜗螺旋一端的毛细胞探测低音，另一端则探测高音。高音会在细胞信号传导过程中消耗化学能量，破坏精细的听觉系统，引起机械损伤。

我们善于发现刺耳的、令人痛苦的噪声，进而设法避开这些声音。人们还发现相近的音符会令人感觉不适——钢琴上相邻的两个琴键发出的声音很不协调，而间隔较远的琴键却能奏出悦耳的琴声。

这可能是因为相近的频率意味着每个音调激活的毛细胞组会有重叠，这会过分刺激那些可以同时接收两种音频信号的毛细胞。卡车上的玻璃瓶相互碰撞，会同时产生许多不和谐的音调。玻璃破碎时发出的高音会使这种情况变得更糟。因为音调越高，相邻音调之间的差异越小，更多的毛细胞被同一个音调激活。因此，在较高的频率下，我们更可能感觉不适。

——来自英国伦敦的米利娅姆·阿什维尔

这里的问题不是损害耳朵，而是听觉过敏——对某一类型的声音过度敏感。有些人可能在宿醉期间有过这样的经历，甚至微小的噪声都让他觉得刺耳。听觉过敏可以自行发生或和别的疾病一起出现。作为一名医生，我经常在偏头痛患者中见到这种症状。话虽如此，题主可能不是真正的听觉过敏。他的描述听起来更像是厌恶这种特定的声音。现在我的孩子们正在慢慢长大，他们的哭泣声让我心烦意乱，忍不住想逃离。

——来自英国爱丁堡的罗伯特·尤因

事有轻重缓急

为什么我们更关心恢复视觉和听觉，而对味觉、嗅觉和触觉的恢复较少关注？

——来自英国伦敦的弗雷德·阿普尔比

我们最关心的自然是对我们生存至关重要的感官。可以说，视觉是最有用的感官。它使我们可以在环境中快速移动，同时避免了被低悬的树枝挂到或掉落悬崖的危险。此外，它也使我们能够发现找到食物的困难和机会，并对我们避开掠食者有极大的帮助。

虽然盲人可以通过和正常人一起学习来弥补视力缺陷，但如果所有人都突然失明了，那么我们的现代运输系统将会崩溃，我们的文明也将不复存在——正如约翰·温德姆的科幻小说《三尖树时代》里描述的那样。

听觉也非常有用。它促进了团队合作和知识交流，这些对我们的生存也很重要。聋哑人很容易被社会孤立。当然，手语和文字也可以用来沟通，但是这些只有在接收者看到的时候才能奏效。相反，我们可以听见来自任何方向的警告声，并做出回应。

与失明不同，如果全世界的人一夜之间都变成聋哑人，可以想象文明依旧存在，只不过电台或音乐行业将消亡。

触觉、味觉和嗅觉对日常生活来说就显得没那么重要。显然，味道和气味可以警告我们哪些食物不能吃，但是人体的这些感官发育并不完善——偶尔，我会因不小心吃了坏掉的食物而生病。同样，如果一个人失去了触觉，那么像按下按钮和打鸡蛋这样的精细动作就会变得困难，但并非不可能达成，只要我们看得见。

应该指出的是，失去味觉和嗅觉，就会失去大快朵颐的乐趣。有很多研究表明，从长远来看，失去这两种官感的人患抑郁症的概率更高。

失去触觉，无法感知碰撞、烧伤和划伤，这会导致严重的皮肤感染，就像麻风病人那样。

——来自澳大利亚新南威尔士州卡拉汉的西蒙·艾夫森

鞋带松了

有时，我会发现我的一只鞋的鞋带松了，而另一只没松。当我系上松了的那根鞋带时，另一只鞋子的鞋带又松了。对这个古怪的现象有什么解释吗？

——来自英国萨里郡萨顿的安德鲁·布里顿

我们的感觉服从于比较。将你的左手放在热水中，右手放在冰水中，然后再将两只手放入同一盆温水中。现在你的左手会感到凉爽，右手感到暖和，尽管是相同的温度。当我们从阳光照射的区域走进一间昏暗的房间时，最初我们几乎什么都看不到，而在几秒之后，我们的视觉恢复，可以辨别细小的装饰和不同灰度的阴影。响亮的音乐被关掉后，沉静片刻，我们才能听到远处的汽车声或鸟鸣声。一只鞋子的鞋带松了，我们重新系紧。然后我们会觉得另一根鞋带也松了，其实是相比之下它比较松而已。

——来自英国爱丁堡波托贝洛高中科学部的戴维·缪尔

头部准线

我注意到，在大多数照片中，我的脑袋都向右倾斜，尽管拍照时我觉得我的脑袋是摆正的。如果我把脑袋摆正，我会觉得向左倾斜了。我是个右撇子。是什么原因造成了这种错觉？这常见吗？

——来自澳大利亚昆士兰州曼斯菲尔德的艾伦·巴特利特

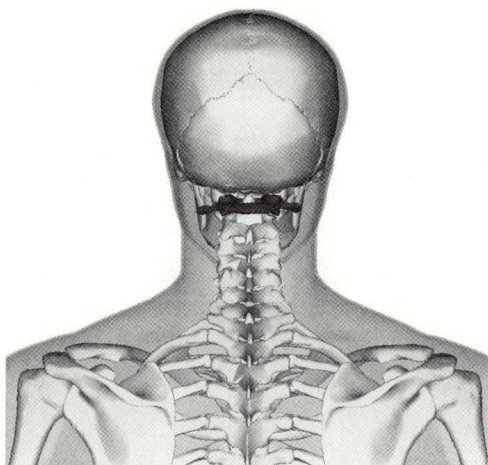

也许可以从解剖学的角度来解释题主头部倾斜的原因。我儿子十三岁时被诊断出 C1 段椎骨异常，这是一种罕见的疾病：前端开口处有一块骨头是浮动的，而非固定在左侧。这个异常是在颈部 X

光照片中发现的，当时神经内科医生想查明他两次中风的原因。

他们怀疑问题出在他的脖子上，因为在拍片前，物理治疗师经常指导他把头摆正。他婴儿时期和孩提时代的照片加强了他们的这种预感：他一直把头向左倾斜。后来儿科颈椎专家证实，C1异常会导致他歪着头。这个问题重复伤害他脊椎左侧的动脉，间接导致他中风。为了保护受影响的动脉，医生在他身体里植入了钛微型螺丝圈，经过一段时间的恢复，他终于痊愈了。题主可能是"错觉"，但我建议最好还是去找脊柱专家检查一下。

——来自美国明尼苏达州拉姆西的南希·本兹

作为一名职业治疗师，我见过许多中风的人将头部甚至整个身体歪向他强壮的一边。很多没有中风的人也有头部倾向一侧的习惯。

这里有两个因素。第一，大脑会适应环境。在稍微倾斜一段时间后，大脑将这种状态接受为正常状态，并认为此时身体是直立的。第二，右撇子使用右臂比使用左臂更频繁，于是右侧身体更有力，肌肉更发达。连接肩胛带与头部的上斜方肌和肩胛提肌的力量及紧张度增强会导致头部向右倾斜，而大脑很快就会适应这个位置。

——来自美国佛罗里达州迈尔斯堡的邦尼·克兰西

意识落后于身体

我已经七十七岁了，和许多老人一样，我开始驼背，身体直不起来。几个月前，我正站在厨房门口优哉游哉地聊天。由于某种原因，我转过身来，脑袋正好重重地撞到了门框上。最近有一次，我妻子在电脑前工作，我越过她的肩膀看过去，并伸出手指着屏幕上的东西。当我缩回手时，手指碰到了桌子上的一个盒子，并把它带到地板上，里面的东西掉了一地。过了一会儿，我意识到两次我都弯着腰。在我的意识看来，我的脑袋根本不会碰到门框，我的手在桌子上方很高的地方，但是驼背影响了我的判断。我们的身体意象是否已不再适应现实？如果是的话，为什么？可以修复吗？

——来自英国多塞特郡阿伯茨伯里的彼得·劳里

对身体方向和动作的潜意识感知被称为本体感觉。这方面意识由内耳前庭系统以及肌肉和关节中的神经提供。当你被蒙住眼睛的时候，它可以让你知道手脚的位置。

本体感觉从经验中习得，但可能受到由青春期、受伤或衰老等因素引起的身体结构变化的影响。成长期的青少年可能会在运动时接不住他们以前能接住的球；现在，他们的手臂比他们记忆中的更长。青少年的本体感觉落后于他们正在生长的身体。

现在有多长
How Long is Now？

然而，神经肌肉通路可以通过具体实践进行再培训：证据表明，杂耍对板球运动员有帮助。题主的本体感觉是基于七十多年站着的高度。这与他目前的驼背冲突，引发了事故。好消息是，肢体运动和意识练习，如太极或瑜伽，不仅可以改善本体感觉，还可以减少老年人摔倒和骨折的概率。

——来自英国爱丁堡波托贝洛高中科学部的戴维·缪尔

我饶有兴趣地读了之前的回答者关于本体感觉无法跟上身体形态变化的解释。四年前，我怀了一对双胞胎。即使我可以看到我的大肚子，感觉到双胞胎踢我的内脏，我却无法"从里面"感觉到我的腹部。当我闭上眼睛仰躺着，我可以感觉到毯子触碰我的肚子，但我的腹部似乎是平坦的，和以前许多年在同一个位置。我记得在关上车门时要特别小心：如果不刻意为之，车门就会撞到我的肚子。显然，九个月不足以让我对我的新身材形成相应的本体感觉。

——来自德国卡佩伦多夫的伊尔卡·弗莱格尔

抗病

> **如果你喝了几杯酒，血液中的酒精是否会像药物那样消灭身体里的微生物？**
>
> ——来自英国埃塞克郡斯滨海利的亚当·威尔逊

只有当酒精浓度足够高时才有可能起到这种作用。《流行病学》期刊上发表了一项罕见的研究，确认了吃饭时饮酒的益处。研究表明，饮用酒精浓度超过 10% 的酒类饮料，确实能够减小因食用牡蛎而患上甲型肝炎的概率——不过这发生在胃部，而不是血液中。

我要说，为了你的健康，每天的饮酒须适量，最多来两杯佐餐葡萄酒。

——来自美国加利福尼亚州索诺马的刘易斯·佩德

失去的能力

今天晚上在读莎士比亚时，我突然想到是否有人可以准确记住莎士比亚的所有作品，哪怕靠死记硬背？在我们识字之前，惊人的记忆力是很常见的事，但不久之后我们便失去了一口气记住整个长篇故事的能力，当代那些训练有素而且经验老到的民谣歌手还有惊人的记忆力吗？

——来自新西兰奥克兰的道格·亨特

记忆一部巨作需要兴趣、练习以及时间。莎士比亚全集大约有88万个单词。这么说吧，《圣经》大约有75万个单词，并且最开始就是以口述的方式传播的。

16世纪的贵格会创始人乔治·福克斯曾说过，即使世界上所有《圣经》都消失了也没关系，因为他可以全文背诵。

我希望皇家莎士比亚公司的一些员工，即使背不出莎士比亚的全部著作，也至少会背许多篇章。然而，对大多数人来说，通过智能手机和电脑，我们就能接触云端存储的所有知识，这意味着我们只需要知道如何通过最新的操作系统找到我们最喜欢的搜索引擎。随着技术的进步，这种记忆的壮举将变得更少，也更不可思议。

——来自英国德比郡温斯特的约翰·伍德

抗性有用吗？

那些患过普通结核病的人对多重耐药结核病的免疫力更强吗？

——来自英国南约克郡唐克斯特的艾琳·凯格·格雷

令人惊讶的是，就世界上某些地区结核病的历史和发病率而言，真正的结核杆菌感染性不强。据说，只有 10% 的感染者会发展成开放性结核病。大多数接触过或感染过结核杆菌的人不会发展出任何临床症状。通常需要反复暴露在这种环境中，例如亲属感染或家庭住房条件不良，才有可能发展成开放性结核病，此外，营养不良和免疫力差等因素也会有一定影响。

在抗生素出现之前，相当一部分开放性结核病患者最终会痊愈。即使在今天，一小部分患有多重耐药性结核病的患者也有明显的临床康复迹象。如此看来，对结核病的先天抗性和获得性免疫似乎都存在。患过结核病的人对新的抗原（可能是多重耐药性的）是否具有更强的抵抗力？南非开普敦的一项研究表明，在 600 多名结核病患者中，有 18% 出现二次感染。其中 14% 感染了一种不同的菌株。在中国，试验也得出了类似结论。此外，重新感染的人比从未感染过的人的发病率更高。所以，感染过结核病似乎不会提高对这种疾病的抵抗力。

——来自英国安格尔西岛崔弗的吉莲·科茨

螺旋分类

我们的指纹会改变吗？当我还是个小孩时，就知道它们永远不会变。但当我申请签证，采集生物识别数据时，发现我的指纹与五年前的指纹不匹配。这可能吗？或者更有可能是记录或软件的错误？

——来自英国北约克郡的小林千里

专家把构成指纹的图案称为摩擦脊纹。这些图案大概在怀孕中期胎儿发育的过程中开始形成，甚至同卵双胞胎的指纹也是不同的，子宫内的环境也会导致指纹差异。除了个别例外，指纹是永久的。有些人生来就没有指纹。到 2011 年，世界上已知有五个家庭有人患皮纹病，该病由 SMARCAD1 蛋白错误表达引起。内格利氏色素细胞痣综合征或网状色素皮病是外胚层发育不良的两种形式，也会导致指纹缺失。

指纹可以通过物理磨损或药物作用暂时消除，此外，由于皮肤弹性随着年龄的增长而下降，老年人的指纹会比较难记录。有的犯罪分子试图通过烧掉指纹或用胶水和指甲油消除指纹来逃避追捕。20 世纪 30 年代，美国臭名昭著的歹徒约翰·迪林格曾用酸性物质来抹除他自己和罗伯特·菲利普斯的指纹，将胸部皮肤移植到手指上，却因他手上其他部位的印记而被定罪。

最近的研究发现，曾经被人们当作法医学黄金准则的指纹分析容易出现误差。查尔斯·达尔文的表弟弗朗西斯·高尔顿在他的《指纹》一书中计算出"假阳性"（两个人具有相同的指纹）出现的概率大约是六百四十亿分之一。这可能是真的，但是他没有考虑到这种分析并不科学，而是依赖于那些易受到认知偏差影响的判断。指纹分析和我们小时候玩的"找不同"游戏差不多，只不过在这里你需要匹配多达五十个"地标"（例如，在隆起线分叉的地方），这种方法经常用在犯罪现场被污染或不完整的指纹上。

假设你没有刻意抹去自己的指纹，你近来得的疾病、选择的生活方式或从事的职业也可能会改变它们。更有可能的是，要用来对比的指纹中有一个被弄脏，或者由于办事人员失误，被认为属于你的那个指纹其实是别人的。

——来自英国西米德兰兹郡萨顿科尔德菲尔德的迈克·福洛斯

我对军车很感兴趣，包括切割、焊接、用刀和打磨等。我的指纹严重受损，虽然我还没有失去手指，但是各种伤疤显示也快了。在这之前，我在埃及海岸的石油勘探钻井平台上工作。我的工作涉及分析钻井液导致的切口。做显微镜切片时需要用手指拿着样品在砂纸上不停地精细研磨。经过二十八天的钻机巡视，我的指纹不见了，而后我花了二十八天的假期才使它重新长出来。所以我会说指纹可以改变。虽然我的笔记本电脑有指纹识别器，但我还是坚持用密码登录。

——来自英国肯特郡莱纳姆的西蒙·马利特

牙齿永存

我的牙医说牙釉质不会再生，我们成年后都只能将就着使用这一副牙齿。我不相信经过八十多年的咀嚼和研磨，我的牙齿仍然是同样的形状，没有明显的磨损迹象。医生说得对吗？如果真是这样，为什么我的牙齿仍然完好无损呢？

——来自英国米德尔塞克斯平纳镇的约翰·埃弗里斯特

就算你的牙医使出浑身解数，也无法使失去的牙釉质再生。当牙齿从牙龈中冒出来后，牙釉质就停止了生长，不会再产生具有修复或改造能力的细胞。幸运的是，牙齿的外釉层实际上是人体内最坚硬的物质。其中 96％为羟基磷灰石结晶，其余为有机物和水。

这种晶体结构的损耗主要有三种方式：自然磨损，研磨食物时牙齿接触产生的磨损；外部磨损，如硬毛牙刷；腐蚀，酸性物质对牙釉质的脱矿作用。

有的酸性物质来自食物，如气泡饮料或柑橘类水果，不过对那些胃液返流的人来说，胃酸也可能是一种来源。我们吃糖时，口腔中的细菌会产生酸性物质，继而破坏牙釉质。加以注意的话，牙釉质的损耗可被降到最低，但还是无法避免随着年龄的增长而磨损。

值得注意的是，在牙齿表面涂上氟化物可以保护牙釉质，使其更耐磨损，但目前还没有任何可以补救缺损的牙釉质的物质。

——来自英国伦敦巴尼特总医院口腔颌面外科的斯图尔特·伊敦

牙釉质永远不会再生，因为形成釉质的造釉细胞位于发育牙的表面。当牙齿从牙龈冒出来时，这些细胞就被破坏了。

牙釉质（羟基磷灰石）是我们体内最硬的物质。相比之下，西方饮食通常很软，很少含有需要研磨的物质。因此，不管需要咀嚼的是什么，它几乎不会磨损牙齿。此外，在正常情况下，当我们吞咽时，牙齿只接触到相对的颌骨上的牙齿。在咀嚼时，牙齿之间的食物可以减少牙齿的相互接触。

在饭后，当下颌处于休息状态时，牙齿之间通常有两到三毫米的间隙——非常大的空间——所以不会发生磨损。在我们一生中的大部分时间，牙齿相互不接触，所以磨损极小。

然而，在心理压力过大时，研磨和咬紧牙齿会导致严重磨损。导致牙齿严重磨损的一个常见原因是磨牙症，即入睡后无意识地研磨牙齿。

——来自英国马里郡金洛斯的退休牙医菲利普·泰勒

头部空间

我能感觉到我的思想好像就在我的脑海里。这有生理学依据吗？或者只是因为我知道我的大脑就在那里？

——来自英国伦敦的朱利安·理查兹

你的大脑是你通过视觉和听觉从环境中收集信息的中心。虽然思维建立在感观的基础上，但当你受到威胁时，二者会迅速结合。在人类进化的过程中，接收信息和处理信息的器官已经紧密结合在一起，以确保对剑齿虎和歹徒等危险迅速做出反应。

位于瑞典斯德哥尔摩市的卡罗琳学院的研究人员使用脑部扫描仪研究了离体幻觉。他们发现，大脑的后扣带回皮质结合了自我所在位置与身体所有权的感觉。这就是为什么你觉得思维源自你的脑海。感觉剥夺可以导致这些感受消失。当人们失去感官意识同时处于清醒状态时，他们会变得不知所措，可能会体验到离体感觉，就像他们的想法不再是从自己的脑袋里产生的一样。这可能发生在某些酷刑中，也可以在冥想或吸毒的状态下通过自我引导而产生。

——来自英国爱丁堡波托贝洛高中科学部的戴维·缪尔

可疑的咕噜声

身体内的噪声，如肚子的咕噜声，是如何产生的？为什么我们可以听到这些声音？

——来自英国德文郡普利茅斯的杰里米·史密斯

人类的肠道中总有一些气体，主要是氢气、氮气、二氧化碳和甲烷。这些气体在半液体的基质中发出咕噜声。我们肠道中的振动会产生声音，就像鼓一样。中央供暖系统也会产生咕噜声，这是由困在管道里的气体引起的。暖气片"放气"之后，噪声便会消失。打嗝和放屁则能帮助我们排出胃及肠道中的气体。

——来自英国剑桥的休·亨特

抗性和繁殖

我们听说过很多关于虫子、苍蝇和真菌等获得对农药及其他化学药品的抗药性，从而让这些药物失效的例子。如果真的是这样，人类不应该对有害的化学物质和细菌等产生抗性吗？

——来自阿拉伯联合酋长国迪拜的尼梅什·南比亚尔

人类一直在积累基因的变化，经过全基因组测序研究之后，这一点已经变得显而易见了。这些变化小到替换一个碱基，这相当于改变你30亿对基因组中的一个"字母"，大到整个DNA片段的改变。但是，由于人类的基因组太过庞大复杂，许多突变并不会带来明显的生物学改变。

基因发生变异以应对环境威胁的一个著名的例子是，某些特定人群患有地中海贫血症和卵形红细胞症，因为这类遗传性血液疾病可以让他们对疟疾这种更严重的疾病具有一定的抗性。然而，如果出现了有利的突变，这些突变可能需要很长时间才能在人群中传播开来，因为人类寿命长，并且生育的后代相对较少。对于遗传变异能以何种速度在群体中表现出来，每代人的寿命起着关键作用，但基因组大小也至关重要。

处于进化树底端的生物体结构简单，基因组较小。目前已知，我们的遗传物质编码了约30000个基因。像能传播疟疾或黄热病的蚊子这类昆虫只有 12000 多个基因。寄生虫，如疟原虫，这类单细胞生物只有约 5300 个基因。细菌就更少了。

相对来说，基因组越少，越简单，越有可能表现出基因突变的生物学结果。这意味着随机的突变能产生更明显、差异更大的变化。但是这种变化能不能影响到整个种群，还要看它能否传播给后代。

基因变化的传播在很大程度上依赖于个体的寿命，以及他能将这种变化遗传给多少后代。一个人通常只能留下几个后代，而一只蚊子却能产下几百个卵。单细胞寄生虫，如疟原虫，在血液中的生命周期是 48 小时，在此期间，它会以指数方式繁殖。任何具有生存优势的基因变化都会传播得很快。

这就是为什么那些寄生虫，如臭名昭著的疟原虫，能发展出抗药性，蚊子对杀虫剂不再敏感，但是我们人类对那些威胁自身的生物因素却适应得很慢。

——来自英国剑桥郡威康信托桑格研究所的阿莱娜·潘采

恶心的鱼腥味

我不喜欢吃鱼，鱼腥味让我受不了。我的妻子说这都是我的心理作用，但我认为很多人跟我一样厌恶鱼腥味。对此是否可以从遗传学或进化论中找到解释？或者，这是否基于某种不愉快的童年经历，还是我不得不接受我妻子的理论？

——来自英国伦敦的阿尔·莫林

无法确定反感的缘由，这是一件很常见的事情。有些可能是由遗传决定的。例如，能够品尝出苯硫脲苦涩味的人无法品尝出中国桂花（五月茶）的苦味，反之亦然。

然而，大多数情况下，人们往往对自己成长过程中熟悉的味道和气味颇有好感，对那些勾起不愉快经历的味道表现出厌恶，尤其是幼儿时期的经历。我原来很喜欢腰子的味道，六岁那年，我得了猩红热，把刚吃的腰子都吐了出来，之后我花了几十年的时间重新爱上它。

至于鱼，理查德·费曼曾经提到过他小时候如何讨厌鱼类，但当他长大后在日本吃过一些鱼后，转而喜欢上了鱼。回到家后，他发现自己还是讨厌鱼。事实证明，他所讨厌的是鱼不够新鲜的味道，因为家里的鱼不如日本的鱼新鲜。

——来自南非西萨默塞特的约恩·里奇菲尔德

至少对我来说，对鱼的厌恶似乎是一段令人不快的童年经历引起的。这是多年后我回到儿时的家，与邻居交谈后才意识到的。"我记得你。"她说，"你母亲经常让你的哥哥们照顾你，他们会给你买炸鱼和薯条当午饭。然后，你们三个人坐在水沟旁，他们吃了所有的薯条，强迫你吃炸鱼。"

　　之后，我再没吃过鱼，光是气味就让我觉得恶心，我现在知道使我恶心的是不新鲜的鱼散发的气味。后来在一次晚宴上，我不太好意思点别的菜，于是下决心点了一道鱼，发现它并没有我预想的那种气味。

　　此后，鱼对我来说成了一道美食。还包括牡蛎（曾经是我极其厌恶的东西）以及几乎没什么味道的生鱼。

　　所以我同意题主妻子的看法，题主对鱼的厌恶可能是后天造成的。

——来自澳大利亚新南威尔士州沃克卢斯的唐·罗斯

嗜血

人类爱吃肉是出自天性，还是文化使然？如果把吃肉从我们的文化中移除，我们还会那么想吃肉吗？

——来自瑞士日内瓦的理查德·布朗

与其说人们天生渴望吃肉，不如说是渴望一切富含脂肪和蛋白质等营养物质的食物。即使是吃素，我们也倾向于吃坚果、水果、谷物和块茎这种富含营养的食物。想想与莴苣或生菜相比，巧克力或牛轧糖是多么美味可口。

因为植物中含有大量纤维素和其他难以消化的物质，食草动物需要吃大量植物才能摄取足够的营养。植物大多会产生有害物质，因此，食草动物必须耐受、排出或者消解这些有害的化学物质，同时吸收植物中的维生素、蛋白质、脂肪和可消化的碳水化合物。

如果食草动物误食太多有毒的植物，以它们为食的食肉动物也会面临死亡的威胁。有益健康的植物饲料也可能杀死你的狗或猫，而这份饲料清单长到吓人。许多食草动物如果可以吃到肉的话也会吃一点，杂食动物通常更愿意努力获取动物食物而非植物食物。

人类亦是如此，大多数人喜欢肉食提供的浓缩脂肪、蛋白质、维生素和必不可少的脂肪酸，从中获取身体所需的营养。

——来自南非西萨默塞特的约恩·里奇菲尔德

再来份阳光

我是素食主义者，所以当我晒日光浴时，身体会合成很多维生素 D。我必须直接沐浴在阳光下，还是可以透过玻璃窗接受光照？我每天需要多少维生素 D？

——来自英国爱丁堡的科林·布朗

不管是素食主义者还是杂食主义者，大多数人依靠日晒满足身体对维生素 D 的需求。严格来说，不是某一种维生素，因为足够的阳光可以满足你全部的维生素需求，而无须饮食摄入。不同国家关于维生素每日需求量的标准有所不同，英国对无法获得足够光照的成年人（如那些因文化原因必须遮住身体和脸部的成年人）以及只能在室内活动的老年人的建议摄入量为 10 微克。美国的标准与之相同。

富含脂肪的鱼、鸡蛋和肝脏是膳食维生素 D 的良好来源，但人们吃这些食物的频率无法确保较高的维生素 D 摄入量。尽管英国人的早餐桌上摆上了更多谷物和可涂油脂，膳食维生素 D 的平均摄入量还是很低，为每天 2~3.5 微克。白皮肤的年轻人可以通过将脸部暴露在阳光下 20~30 分钟来合成足够的维生素 D，但老年人和黑皮肤的人则需要更长的时间。同样的日晒时间，年纪大的人合成的维生素 D 的量仅为年轻人的四分之一。

皮肤暴露的面积也是一个变量，所以裸体主义者对维生素 D 的日常需求更容易得到满足。晒太阳并不像看上去那样简单，因为只有紫外线 B（波长在 290~320 纳米之间）适合皮肤中维生素 D 的合成。你住的地方离赤道越远，就越难获得有效剂量的光照，尤其是在冬天。冬季血液中维生素 D 的水平是夏季的一半。如果你的影子比你的身高长，你就无法合成维生素 D（这被称为"影子法则"）。例如，苏格兰 12 月清晨的日照不起作用，10 月至次年 3 月间人只能合成微量的维生素 D。夏季，伦敦人必须比巴塞罗那人多晒约一倍的时间，才能获得等量的维生素 D。

　　回到你的问题上来。到了夏季，你必须走到户外，除非你家是蓝宝石玻璃，否则 UVB 无法穿透玻璃。你也不可能从阳光中摄入过量的维生素 D，因为维生素 D 分解时皮肤会出现红斑，所以夏天也没必要晒太长时间。在极少数情况下，摄入太多的膳食维生素 D 对身体有害，所以应该谨慎补充。显然，宇航员、潜水员和极地工作者都需要补充维生素 D。

——来自英国阿伯丁罗伯特戈登大学的营养学名誉教授

布赖恩·拉特克列夫

蠢问题

为什么阴囊上有如此多褶皱？

——尼尔·史密斯，通过电子邮件

阴囊在睾丸的温度调节中起着重要的作用，因为精子会在核心体温或更高温度时减少产量。男性读者一定会注意到，在寒冷的天气或者用冷水淋浴时，阴囊（及周围部分）会变小。相应地，在暖和的天气和洗热水澡的时候它又会变大。阴囊松弛时会非常光滑，只有向身体收紧的时候才会产生褶皱。

这是因为，在冷的环境中，阴囊壁中的肌肉会收缩，拉着睾丸靠近腹腔，而在温暖的环境中，肌肉会放松下来，以保持睾丸凉爽。在精索（蔓状静脉丛）中还有一个复杂的脉管系统，来自腹腔的温暖的血液要经过一个热交换系统把温度降下来，再进入睾丸。

刚开始把美利奴绵羊带到澳大利亚饲养时，农场主发现，如果不剪羊毛，公羊就会不育，所以公羊的阴囊处要定期剃毛。这种品种的绵羊起源于葡萄牙南部，那里的夏季温度没有澳大利亚高。因此，公羊的阴囊不太适应澳大利亚的气候。

——来自英国安格尔西岛兰戈伊德的退休兽医鲍勃·巴特勒

像空气一样轻

今天早上称体重时，我忽然想到，"排气"是否会影响海平面以上的人的体重。如果会，是变轻还是变重呢？

——来自澳大利亚维多利亚州萨里山的克里斯·吉尔菲兰

　　胃肠胀气的主要成分是甲烷，因此才会有小男孩用火柴去点燃屁的恶作剧。甲烷（分子质量为16）比空气轻，空气中约80%的成分为氮气（分子质量为28），剩下的20%为氧气（分子质量为32）。所以，当你"放气"时，秤上显示的体重会增加。有气味的气体密度一般都比较大（最轻的是硫化氢，分子质量为34），但它们的含量很低，不足以对结果产生多大影响。

而喝完气泡饮料以后打嗝会产生相反的效果，因为这时你排出的是二氧化碳（分子质量为44），它的密度比空气大，所以秤上显示的重量会减少。

——来自澳大利亚新南威尔士州悉尼大学医学科学院的盖伊·考克斯

能说话真好

人类最早的词汇有哪些？是谁说出的？

我们可以推测，世界上曾经存在一种原始母语，是所有现存的或已消亡的人类语言的祖先。证据是，不同于其他动物的交流形式，所有的人类语言都是将词语拼合成具有主语、动词和宾语的句子（如"我踢球"），并且任何人都可以学习任何一种语言。

比较语言学家搜寻一再出现在世界各地语言中的关于声音的词汇。他们认为，如果原始母语还有留存至今的痕迹，它们应该存在于那些声音中。例如，加利福尼亚州斯坦福大学的梅里特·鲁伦认为，像 tok、tik、dik 和 tak 这样的声音在不同的语言中被反复使用，意指手指或脚趾，或表示数字"一"。尽管鲁伦和其他人的研究有争议，但他们谈到的词汇列表全世界通用，其发音几乎相同，包括"谁""什么""两个"和"水"这些词。

另一种方法是搜寻那些在很长时期内演变得非常缓慢的词。我自己的团队的统计研究表明，表示数字 1 到 5 的单词可归入演变得最慢的那一类词汇。这个列表上还有与社交有关的词，如"谁""什么""在哪里""为什么""何时""我""你""她""他"和"它"。这个列表符合语言的演变与其社会功能息息相关这一预期。它与鲁伦的列表有一些重叠。

在更广泛的意义上，我们可以大胆地猜测，人类的第一句话可能只适用于几个类别。第一句话可能是个简单的名字，像我们的灵长类亲戚会使用的那种。长尾黑颌猴对豹子、猛雕和蟒蛇发出的警告声明显不同，幼年的长尾黑颌猴必须学会这些发音。对于人类来说，婴儿在咿呀学语中很自然地发出"妈妈"的声音，并且他们非常依赖母亲，所以"妈妈"很可能属于早期词汇。"m"的发音几乎存在于所有语言中。

像"看"或"听"这样的祈使动词很可能在很早的时候就有了，也许与"刺"或"交易"这种协同狩猎或促进交流的词一同出现。

即使只有这些简单的词汇，也可以组成像"快看，牛羚"或"买卖箭头"这样的句子。最后，简单的社交词汇，如"你"和"我"、"是"和"否"，可能也是我们早期词汇的一部分。

有趣的是，最近的一项研究表明"哈"是通用词汇，这迅速成了头条新闻，它很可能是人类说的第一句话中的一个词。也许是第二句。

——来自英国雷丁大学生物科学学院的马克·帕格尔

嗅觉指纹

我们家五口人生活在同一环境中，基本上吃同样的食物，但我们的粪便有各自独特的气味。这肯定与生活在我们肠子里的东西相关。那是什么呢？

——来自英国伯明翰的盖纳（十二岁）、亚当（九岁）、塞雷娜（七岁）和兰德尔

粪便独特的气味几乎完全来自微量的芳香族含氮化合物，如吡啶、吡嗪和吲哚。这些物质以不同比例存在于不同个体的粪便中，形成一种"嗅觉指纹"。如作家 G. K. 切斯特顿在《灵犬之歌》中所写的那样，与大多数哺乳动物相比，人类的鼻子非常不灵敏。

然而，我们的鼻子对这类特殊化合物非常敏感，这使得我们能够将含有自己身体已适应的微生物群的排泄物同可能携带危险病原体的其他人或动物的排泄物区分开来。这就是为什么我们觉得自己的粪便和肠胃气胀的气味相对没那么难闻，其他人的气味却恶心无比。有趣的是，香水工业正是利用了这种敏感性，通过添加微量此类化合物来增强产品的刺激性味道。

——来自英国西萨塞克斯郡滨海肖勒姆的罗杰·萨维奇

抠出来的干净

虽然抠鼻孔被当作一种不礼貌的行为，但保持鼻子的清洁和功能正常不是很有必要吗？没有人喜欢自己的鼻子变脏或不舒服，那么为什么在许多文化中会忌讳挖鼻孔呢？

——来自英国伦敦卡肖尔顿的加文·贝特

我不觉得有必要时刻保持鼻孔畅通。鼻子不通气带来的糟糕体验暗示了一个更深层次的问题。过去，我们的鼻腔里可能藏有寄生虫（成虫、幼虫或卵），我们会很明智地在它们还没有进一步侵入鼻窦的时候清除它们。在那时，干净的鼻腔代表着健康。

我们对他人挖鼻孔有一种很强烈的厌恶感，这可能是因为让隐藏的身体组织或排泄物被别人看到是一种禁忌。比方说，我们几乎无时无刻不在吞食自己的口水，但当唾液变成了痰或哈喇子时，我们会觉得恶心。耳垢和头皮屑也是如此。

"错误的东西出现在错误的地方"可能会导致传染，因为"错误的东西"上满是微生物，尽管它们不一定会致病。不过，只要你不是待在有可能感染埃博拉的地方，就不用特别担心体液和鼻屎会带来什么麻烦。

——路易丝·法比亚尼，通过电子邮件

我认识那张脸

我看过几个考古展，展览中有人利用颅骨模型还原了"现实生活中的面孔"。这在多大程度上有效？有没有人试过，利用一个完整的当代人颅骨重建人脸，然后将其与这个人生前的照片对比，看看效果如何？

——来自澳大利亚南澳大利亚州阿德莱德市霍顿的伊恩·沃德罗普

1973年至1980年，我在英国曼彻斯特大学开发了曼彻斯特法医面部重建技术，我可以确定这一技术完全有效。如果利用平均软组织测量的数据，用黏土或蜡塑出肌肉和面部结构，脸会自动从头骨模型里生长出来。

当我开始协助警察根据残骸辨认死者身份时，这项技术受到了检验。

我们利用这种重建方法可以识别出大约60%的人。在这些案例中，可以将重建的人脸和死者的照片进行比对。一旦知道了死者的名字，警方就可以采用更多的常规技术来确定其身份。

尽管这样的研究无法给出精准的肖像，但通常会得出一张类似的面孔，足以确定死者的身份。按照今天的标准，这种技术可能看起来太小儿科，但是请注意，这可是在DNA检测被发明之前。

在我的职业生涯中，我做过许多研究，有些使用的是用扫描技术重建的活人颅骨。我总是能够发现它们与受试者的相似之处。虽然这项研究在 20 世纪 70 年代刚出现时受到过一些质疑，但它如今可以用在学术研究上，也是一种法医和考古调查技术。

——来自英国东萨塞克斯郡拉伊的理查德·尼夫

不寻常的祖先

> 像其他欧洲白种人一样，我身上携带约 2.5% 的尼安德特人基因，多过非洲土著。如果我们在 10 万年前就集体离开了非洲，那么这个事实又该怎么解释呢？
>
> ——来自法国勒比索的布赖恩特

我们并不是简单地在某个时刻走出非洲。我们起源于那里，我们的祖先从那儿出发走向世界各地，但基因不同的人种选择了不同的路线，在数十万年的时间里，他们不断地分散和会合。

从古生物学角度来说，任何只持续了数千年的事件都只能算是意外。追溯到农业起源的史前史跨度可能不到 15000 年。我们是最近才出现的一群"乌合之众"。但对我们而言，1000 年的家族史已经非常悠久了。

尼安德特人是欧洲的早期殖民者，与其他人属动物有明显差异，足以使遗传学家将它们区分开来。这让我们能比较好地了解尼安德特人的基因在什么时候以及多大程度上进入他们后代的基因。也许在尼安德特人到达之后的几十万年中，来自非洲的入侵者带来了新的遗传物质：那些在欧洲定居下来的人与尼安德特人交配，所以他们的后代携带这种 DNA 的比例大于其他人群。

——来自南非西萨默塞特的约恩·里奇菲尔德

哭泣的宝宝

我们经常在电视或电影中看到婴儿哭泣的画面。他们是怎么哭起来的？导演是等着孩子正常地哭起来然后再拍摄，还是有一些科学的方法，可以让婴儿哭又不弄疼他们？

——来自澳大利亚昆士兰州赫维湾的肯·李

我是一名助产士，同时担任英国广播公司出品的电视剧《呼叫助产士》的顾问，所以我有很多在片场照顾婴儿的经验。电影布景不是一个让孩子感觉舒适的地方，如果孩子哭了，这通常不是导演要求的，而是孩子自己想哭。

对于影视作品中出现婴儿有非常严格的规定，这是可以理解的。每次布景需要花费很长时间，而宝宝一般只需要出现几分钟，这意味着拍摄前宝宝会一直和他的父母或在场监护人在片场外的房间内等待。尽管大家尽力让宝宝在片场觉得舒服、安静和温暖，但还是有不尽如人意的时候。比如，服装可能会引发问题，因为大多数婴儿不喜欢被人强迫着穿衣脱衣。所以，应尽可能将换装放在最后一步，并且要让宝宝一直与父母待在一起，直到拍摄前最后一刻。这能让父母和宝宝都感到满意。

片场通常是父母不熟悉的环境。为了让他们安心，剧组可以让他们在监视器上观看宝宝，但他们还是相当紧张。在拍摄前，演员会进行初步了解和排练，这时他们可能会和宝宝接触，但有时候，他们在拍摄时才第一次抱起宝宝。婴儿能够迅速感受到成年人的感觉和情绪，所以紧张的演员通常会把婴儿弄哭。婴儿不会在需要时被弄哭，所以摄影机拍到的哭声都是偶然捕捉到的。

——来自英国威尔特郡索尔兹伯里的特里·科茨

选择

我们听到的都是人类遗传变异导致疾病的例子，例如囊性纤维化。有没有人在近几代人身上发现让人"更适应"当下环境的遗传变异呢？看到这些变异时，我们能认出它们吗？我们会认为它们对健康人来说是正常的吗？

——来自英国柴郡奥尔特灵厄姆的科林·班福思

镰状细胞贫血是最近一代人身上出现的积极遗传变异中最为人熟知的例子。在疟疾流行的地区，镰状细胞贫血似乎给其患者带来了优势。尽管我们不会把镰状细胞贫血当成一种健康的特性，但是这种"错误"基因赋予了人体某种程度的对疟疾的抗性，因此这种遗传变异是暴露于疟疾环境中的人自然选择的结果。在高中生物课程中，这通常会被当作人类自然选择的一个例子，同时老师也会传达这样的观念：从本质上讲，一个特征没有所谓的好与坏，它的价值取决于环境。

另一个使我们更适应当下环境的有利变异的例子是我们对高钠饮食的适应。日均盐摄入量较低的人种，如亚马孙土著，可以有效地保留身体内的盐分；相较于美国人，他们的汗水和尿液中含钠量较低。然而，一旦处于高钠饮食环境中，这种保留盐分的能力就会变成劣势，许多人将会患上高血压，年纪轻轻便死于心脏病。

——来自美国密歇根州利沃尼亚的马克·比尔格

绿色基因组

　　如果能以某种方式将植物合成叶绿素的基因移植到我们的基因中，我们可以通过光合作用来满足自身的一些能量需求吗？

——来自英国赫里福德郡布罗姆亚德的苏菲·霍尔罗伊德

　　这主要存在三个障碍。第一，你需要生产叶绿素，然后利用它驾驭光能，合成三磷酸腺苷（ATP）和还原型烟酰胺腺嘌呤二核苷酸磷酸（NADPH），最后利用这些代谢物将二氧化碳转化为糖。令人惊讶的是，我们已经拥有了第一个和最后一个阶段所需的许多基因。植物利用 16 步代谢反应来生产叶绿素，其中 9 步与我们生产血红素（血红细胞的组成部分）的路径相同。因此，从原则上讲，植入控制另外 7 个步骤的基因，我们就可以生成叶绿素。不幸的是，叶绿素对人体有害，特别是在阳光下，除非我们能复制出植物中包围叶绿素分子的特殊蛋白质。

　　最后一个阶段被称为加尔文 – 本森循环，需要 11 种酶的基因参与，其中 9 种我们已经拥有。缺少的两种分别是二磷酸核酮糖羧化酶（RuBisCO）和磷酸核酮糖激酶。

　　中间阶段最棘手，因为尽管我们已经拥有制造 ATP 和 NADPH 所需的酶，但我们无法利用光能来驱动它们。而植物具有分布在叶绿体膜内的特殊蛋白质和脂质，能够实现光能的转化。

在你试图将这些植物性技能植入你自己的染色体之前，请注意，与你从比如一片面包中摄取的的碳水化合物相比，你只能利用光合作用合成极其微量的碳水化合物。问题是，相对于你的体积来说，你的身体需要巨大的表面积来吸收足量的阳光。显然叶绿素需要分布在你的皮肤中；肝脏、肺部和大脑因其所在位置都无法吸收太阳光。我体重 85 公斤，皮肤表面积不到 2 平方米。相比之下，由于拥有薄而宽的叶子，85 公斤重的植物接收太阳光的面积通常大于200 平方米。当我们拥有这样的面积体积比时，我们的行动将会变得很困难——事实上，我们将变成植物人。

——来自英国爱丁堡大学生物科学院的植物生化学教授斯蒂芬·C. 弗里

05

地球上的生命

毛茸茸的浆果

我六岁的女儿维克图瓦想知道，为什么覆盆子上会长小茸毛，而其他浆果没有。

——来自法国里昂的 M. 勃朗

覆盆子上附着的茸毛是雌花脱落后的残留。在覆盆子花中，茸毛状的雌性花柱分布在中心，雄性花药则围绕着边缘排列。每根花柱都以柱头为顶点，连接到子房，形成雌蕊。

授粉后，花瓣、花药及花朵的其他部分会枯萎，每个子房会隆起组成最终果实的裂片。用植物学术语来说，每个裂片都是一个小核果，与其说覆盆子是浆果，不如说它是一个核果（由小裂片组成的集合）。

在我的花园中，可以见到处于不同生长阶段的覆盆子，从花蕾到成熟的果实，所以我可以在同一株植物上看到其完整的生长周期。

事实上，覆盆子很容易种植，而且总是果实累累，你需要采取措施控制其生长。

——来自英国伦敦的迪伦·布鲁伊斯

锋利的味道

为什么结浆果的植物经常是长刺的？这些植物难道不是在向外发送自相矛盾的信号吗？它们为什么要赶走那些会吃掉浆果并帮它们传播种子的动物呢？

——来自加拿大温哥华的马里纳斯·卢茨

那些信号并没有自相矛盾：植物们说的是"吃我的果实，不要吃我的叶子"。大多数既吃它们的果实又帮它们传播种子的动物都足够灵巧，不会让刺伤到自己。而那些体形相对较大、行动较笨拙的食草动物也许不会花费精力将果实与叶子区分开，但如果叶子边上长满了刺的话，它们可能会三思而后行。

一个与此相似的问题是，为什么一些美味的水果有着让人难以下咽的果皮？橘子、香蕉和杧果都是很好的例子。要享用这些水果，食用者必须有足够大的体形和力量，才能剥开果皮，也有将整个去皮的水果吞下的能力。这么吃意味着会吞下果实中所有的种子，并将它们带到数英里之外，而不是仅仅啃食多汁的果肉，种子依然被留在果树附近。

相似的例子还有，未成熟的果实往往个头很小且颜色不显眼，富含酸涩的单宁。等到种子发育完全，可以从传播中受益时，情况才会改变。

——来自英国爱丁堡大学生物科学学院的植物生化学教授斯蒂芬·C. 弗里

我发现部分大型动物，比如马，很喜欢吃浆果类植物的茎，从而破坏植物的结构。面对这类动物时，植物身上的刺便成了有效的威慑。

而那些喜欢浆果又不会破坏植物其余部分的生物，如鸟类和昆虫，都能够避开植物上的刺，同时享用美食，顺便帮助植物传播种子。

——来自英国西萨塞克斯郡阿什赫斯特伍德的科迪莉亚·穆尔

树的日历

人们通常认为，春天白昼延长是促使落叶树开始长叶子的原因。但树是怎么知道白天越来越长的？

——来自加拿大新斯科舍省布里奇敦的雷·谢尔登

早在1920年，植物学家怀特曼·韦尔斯·加纳和哈里·阿德尔·阿拉德认为，白昼的长度是光周期现象的关键。当人们发现黑夜持续的长度其实才是问题的关键时，植物们早已被贴上了"长日照植物""短日照植物"或"中日照植物"的标签。菊花是短日照植物，只有在黑夜足够长的时候才会开花。菊花种植者过去会整晚开着温室里的灯，以延迟菊花的盛开，后来才发现，一束微光就够了。

这要归因于植物光敏素。它以两种形态存在，当暴露在阳光下时，两种形态的色素量几近相同。随着夜幕降临，更多的色素切换为活跃状态。

但只需一束光，便可重新调整色素的平衡，这足以推迟短日照植物的开花过程，或促使长日照植物尽早开花。甚至种子中也存在这种色素，它们通过感知光照的方向来分辨上与下（确保嫩芽和根部朝正确的方向生长）。它们可以通过光的强度来"计算"自己在土壤中的深度，甚至可以探测到悬在自己上方的叶子，并推迟发芽。

——来自英国西米德兰兹郡萨顿科尔德菲尔德的迈克·福洛斯

　　人人都知道植物需要光照才能生长，大多数植物在一年的不同时期以不同的方式生长，中纬度地区的植物尤其如此。这种现象被称为光周期现象，它使得温带植物能够控制长新叶和落叶的时间。

　　然而，重要的其实并不是白昼的长短，而是黑暗延续的时间，即夜晚的长短。

　　在黑暗里，植物会产生一种被称为光敏素的感光蛋白质，其含量控制着植物秋季休眠和春季萌芽的时间。甚至黑暗中电灯发出的微光也会干扰到它，这种现象在一棵位于路灯边的树身上就可以看到。当秋天来临，树木准备进入休眠状态时，离路灯最近的树叶往往是最后掉落的。然而，月光却不会对树或其他植物产生影响。

——来自英国诺丁汉郡舍伍德的约翰·克罗夫特

关于梧桐树的真相

> 我经常被告知，伦敦的梧桐树可以妥善应对城市里的高污染，因为它们能将空气中的污染物吸进树皮，然后让树皮脱落。这是真的吗？
>
> ——来自英国萨里郡克罗伊登的麦克·格里菲思

伦敦种有大量梧桐树，因为它们能在严重污染的环境中健康生长。正是由于这个原因，伦敦才在工业革命期间被严重污染的城区种植了大量的梧桐树，其中许多树一直活到了今天。

所有树木都可以通过树干吸收气体，树皮上布满了被称为皮孔的细小孔隙，使空气能够进入，例如呼吸所必需的氧气。但在城市里，这些孔隙通常会被工厂和车辆所排放的污染物堵塞，变成肉眼可见的黑色斑点。梧桐树（以及桦树等其他树）之所以不同，是因为它可以在外层表皮下快速长出新鲜的树皮。这意味着带有污染物的外层树皮可以迅速脱落，正因如此，梧桐的树干看起来异常斑驳。

——来自英国威尔特郡索尔兹伯里的刘易斯·奥肖内西

她闻到了海的气味

究竟是海水闻起来像鱼还是鱼闻起来像海？是什么造就了海独特的气味，这种气味是否在第一条鱼诞生之前就存在于海洋的成分中？

——来自英国伦敦的汤姆·柯蒂斯

一条刚捞上来的鱼经过清水冲洗后，并没有明显的气味。海的气味是由各种化学物质混合而成的，其主要成分是二甲基硫（DMS）。这种物质，即使浓度低至 0.02ppm，也依然能被人闻到。浮游植物是生活在海洋中的单细胞生物，它们利用来自阳光的能量生成二甲基巯基丙酸（DMSP）。这种化学物质被海洋微生物所吸收，一部分被转化成 DMS。因为浮游植物的诞生早于鱼类，而且位于食物链的底层，所以在鱼类诞生之前很长时间，海洋独特的气味已经形成了。

DMS 分子可作为云的凝结核。詹姆斯·拉夫洛克等人曾根据他提出的盖亚假说指出，DMS 分子可能形成负反馈循环的一部分——帮助调节我们的气候。随着到达地球的阳光增多，不仅地表温度会升高，浮游植物的数量也会随之增加，从而生成更多 DMS，使得更大范围的云层凝结。随后，这些云层会反射阳光，降低地表温度，同时也让浮游植物的数量下降。

越来越多的云还将使海面上的风速上升，进而导致表层海水混合，为浮游植物带来丰富的营养，使其为下一轮热情的阳光做好准备。所以，当你下一次漫步海边，呼吸着海洋空气时，你或许会想到其中蕴含的海洋生化循环，正是这个过程帮助地球维持着适宜生命繁衍的温度。

——来自英国西米德兰兹郡萨顿科尔德菲尔德的迈克·福洛斯

藻华

藻类在拉丁语中意为"海中的杂草"，是一个多样化生物群的统称，从单细胞生物到 50 米长的巨藻都包括在内。像植物一样，藻类能够自给自足，它们利用阳光将二氧化碳合成糖，并将氧气作为废料排出。我们可以想象是一个大约 10 微米的短棘盘星藻 。如果它只通过无性生殖来繁衍（一分为二），则需要繁衍 85 代来覆盖整个海洋。如果每一代藻类都能在 24 小时内达到性成熟的话，整个过程大约需要三个月。

藻类是天生水栖的，所以，对陆地的殖民，可能需要等待它与另外一个物种发展出共生关系后才能进行，就像地衣和真菌一样。在现实中，由于藻类无所不在，很快便可形成藻华，但直到其密度大到使水变得半透明，在短短 10 天内数量增加千倍，藻华才能被人注意到。当然，藻华形成所需要的密度取决于藻的种类，藻华的颜色也是如此。有些藻华，像所谓的赤潮，是有毒的，它们对当地的生态系统是一种威胁。

即使没有微型食草动物啃食，藻华的地理覆盖范围也会被削减，因为它对阳光、温度和营养的要求不能及时得到满足。确实，藻华往往与污染事件相关，特别是当化肥中的氮和磷不慎流入海洋的时候。而南纬30°与北纬30°之间的热带地区普遍缺乏营养物，这造就了潜水员们为之着迷的异常清澈的蓝色海水，但这些水域往往被称为海洋中的"沙漠"。

——来自英国西米德兰兹郡萨顿科尔德菲尔德的迈克·福洛斯

我们先从一个简单的模型开始做一些假设，有些假设可以简化计算任务。例如，我们充分利用2这个数字，即只能乘以2或除以2。我们将地球表面积从约5.1亿平方公里向上扩层到5.12亿，并假设单位藻类的大小为1平方微米。最后，我们借鉴数学老师经常给出的"睡莲叶子每隔24小时就增加一倍"的例子，假设藻类也按此速度繁殖，从1平方微米到5.12亿平方公里，需要多少天呢？

90天之内，藻类可以轻易地覆盖模型地球表面，包括洞穴和其他地貌。假设海洋面积正好占地球总面积的75%，那么藻类全面占领海洋同样需要90天，因为按照我们的假设，第89天它将占领50%的地球总面积。然而，同其他任何模型一样，这个结论我们不能完全相信。有几种很可能发生的状况会导致这个模型失效，例如，藻类可能只能在盐水中生长，所以无法占领淡水和陆地；缺乏营养可能减缓其蔓延；一些区域不适合藻类的气候条件可能延缓其生长。最后，如果1平方微米对一个单位的藻类来说有些大，可以改为1平方纳米，那么整个过程所需的时间也只会增加10天。

——来自澳大利亚塔斯马尼亚州吉夫斯顿的戴维·莫顿

池塘撇渣器

> 我有一个被"豆汤藻"严重污染的花园池塘。最近，一场雷暴雨淹没了附近的道路，水冲进了我的花园和池塘。第二天早上，池塘中的藻类便消失了。积水中存在的何种物质帮助清除了我池塘中的藻类？
>
> ——来自英国威尔特郡莫尔伯勒的科林·卡特

"豆汤藻"通常是单细胞物种，也包括一些由两个或四个细胞组成的物种。当阳光和营养物质在温暖的气候下结合，藻类的数量便会激增——水蚤和类似水蚤的以藻类为食的生物几乎对水藻的数量构不成影响。豌豆汤似的藻华尽管看起来并不美观，但在显微镜下却往往显示为一个个迷人的健康群落。要想清洁池塘，必须降低磷酸盐等藻类的关键营养物质的含量。

雨后的积水之所以能够清理池塘，或清除藻华，是因为其中含有污染物。当死去的藻类下沉或聚集成浮渣时，池塘的其余部分则会恢复清澈。可能的有毒物质包括路边的除草剂、盐，或者近期修整过的道路上的沥青所含的焦油酚类物质。此外，车辆川流不息，还会在路面上留下废气和橡胶粉末。轮胎橡胶中含有有毒的有机化合物和金属，例如锌，而废气具有巨大的表面积－体积比，可以快速将毒素释放到水中。事实上，清除藻华的常见做法（尽管并不明智）之一便是将旧轮胎放入池塘。但事实上这种做法增加了养分供应，使得比"豆汤藻"更不受欢迎的蓝藻得以大肆繁衍。

——来自南非西萨默塞特的约恩·里奇菲尔德

藻类适合在 pH 值为 7 或 8 的中性至轻微碱性环境中生存。在这种环境中，它们很容易吸收磷酸盐和硝酸盐等营养物质。

所有的雨都是酸性的。约占空气 0.04% 的二氧化碳会溶于云层和下落的雨水中，形成碳酸，这样一来，未受污染的雨水 pH 值约为 5.5。而污染气体，如硫和氮的氧化物，则会进一步降低雨水的 pH 值。

正常的降雨量也会降低池塘水的 pH 值，但会被碳酸盐和碳酸氢盐中和掉，后面两个是天然存在于水中的碱性化学物。然而，泛滥的雨水会破坏池塘水的中和能力，使其 pH 值降低。

酸性 pH 的环境会破坏藻类细胞壁，导致藻类一夜之间全部死亡。池塘里的植物将在随后的光合作用下消耗大量的二氧化碳，池塘的 pH 值会逐渐恢复正常。但池塘主人不应该试图用酸来去除藻类，因为这种方法可能会对池塘里的动植物群落造成灾难性的后果。

——来自英国爱丁堡波托贝洛高中科学部的戴维·缪尔

作为光合生物，藻类倾向于聚集在池塘表面，以获得最多光照（正如生长在茂密林地的树木大多数叶子都长在顶部）。所以，虽然池塘水看起来像"豆汤"，但很可能其底部非常清澈。

倾泻入池塘的大量雨水使池塘水溢出，而溢出的正是表层带有藻类的水。另外，雨水从高处倾泻下来，其温度比池塘水更低，下沉得很快，可能会增强上述效果。所以，也许雨水中并没有什么特殊物质。我打赌，不出一个星期，你的池塘又会变成一碗豆汤。

——来自瑞士格朗的阿利斯泰尔·斯科特

关于浮油的聪明想法

人们为什么使用分散剂来处理石油泄漏？凝聚剂难道不是在抑制扩散和清理方面更简便？

——来自美国俄勒冈州尼黑勒姆的霍华德·鲍勃里

凝聚剂有时会用于处理浑浊的污水。它会使污浊颗粒聚结或絮凝，因而更容易通过沉淀或过滤去除。但当水中有油时，水和油会形成胶体，在这种混合溶液中，在显微镜下能看到分散的不溶性颗粒物悬浮在另一种物质上。胶体颗粒通常不会自己絮凝，它们往往携带电荷，相互排斥。

凝聚剂携带的相反电荷可以中和胶体，使其絮凝。但构成漏油的烃分子是非极性的，不带电荷，因此无法与电极化的水分子或凝结剂混合。而分散剂，如洗涤剂等，同时具有两种截然不同的特性。它们的分子具有长长的非极性尾部和短的带电荷的头部。尾巴溶于油中，形成一种被称为胶束的微小液滴，其头部则伸入水中与之混合，所以很容易分散。这种胶束随后很可能被生物降解。

但油胶束可能会带来危害。看看 2010 年墨西哥湾漏油事故造成的经济和环境问题吧。当时耗费了约 700 万升分散剂来处理泄露的油。令人遗憾的是，分散剂可能比那些油危害更大。此外，它与油有协同增效的作用，产生的毒性比二者各自的毒性之和还大很多倍。

——来自英国爱丁堡波托贝洛高中科学部的戴维·缪尔

家禽问题

我们杀死被感染的禽鸟是否让禽流感的威胁变得更严重了？隔离被感染的禽鸟，并使它们通过自然的方式获得免疫，这样是不是更合理？还是说，禽流感对它们来说是致命的，它们早晚都会死？

——来自英国约克的理查德·欣德

我们的初衷不是为了拯救鸟的生命，而是阻止病毒的扩散和进化。帮助几只鸟获得免疫力并不会阻止病毒继续进化，或传染给其他鸟类和我们自己。事实上，许多被感染的鸟本来有可能活下来。但我们的目的是杀死病毒，所以我们必须杀死所有被感染的鸟。

——来自法国莱塞萨尔勒鲁瓦的埃里克·克瓦伦

楼上的回复尽管没错，但并没有完全解决题主的疑问。大规模清除被感染的禽类与其说是为了消灭病毒，不如说是为了尽量降低它传染给人类的风险。饲养对病毒免疫的家禽可以彻底消灭病毒，比大规模扑杀更有效。然而，流感病毒变异非常快，因此育种计划可能会来不及实施。但在对待作物方面，我们采取了不同的方法。当小麦被锈菌感染时，我们不会放弃整片作物，而会在第二年种植抗菌品种。

——来自澳大利亚新南威尔士州圣奥尔本斯的盖伊·考克斯

感冒来袭

　　针对流感病毒的疫苗接种已经很成熟且相当成功，特别是在婴幼儿和老年人等高危人群身上。普通感冒也是由病毒引起的，虽然毒性较小，但发病率更高，导致更多人生病，造成大量旷工。为什么没有针对普通感冒的疫苗接种方案？

——来自英国爱丁堡的艾伦·邦迪

　　目前缺乏感冒疫苗不是因为人们不想研发。以预防和治疗为目的的研究表明，这一问题非常棘手，目前形势已变得更加紧迫，因为感冒已经被认定为引发哮喘的病因之一。目前通过接种疫苗已经被攻克的天花、脊髓灰质炎和流感均是由有限数量的病毒引起的。相反，普通感冒仅仅是上呼吸道随机性感染的一个笼统的称呼。

　　感冒通常被认为是由 1956 年发现的鼻病毒引发的。然而，卡迪夫大学（该学校拥有专门的感冒研究中心）的实验表明，可能只有 30% 的感冒是由该类病毒引发的。其他病因还包括冠状病毒和腺病毒，还有一些感冒实际上是轻度的流感。至于鼻病毒，通常认为它有 99 种菌株，但英国国家卫生署则指出存在 138 种已知的血清型，并且仍有大量血清型有待检测。

　　而每种血清型都需要与之对应的疫苗。此外，这些小的 RNA

片段会突变且交换遗传信息，所以研究人员总要应对全新的菌株。总的来说，感冒病毒是自然界的胜利者。聪明的病原体不会摧毁它的宿主，也不会让宿主无法行动以至阻碍病毒传播。感冒确实令人讨厌，也让感染者花费了一些医药费，但它们始终保持"低调"，不会像心脏病和癌症一样吸引大量为攻克它们而投入的研究经费，也没有可怕到让人们改变自身的行为方式。它们不会像埃博拉或H5N1等病毒那样被严肃对待，因而得以在自然界中发展壮大。

——来自英国北约克郡欣德韦尔的克里斯蒂娜·沃曼

顺时针

所有善于攀缘的植物，比如牵牛花，都是顺时针生长的吗？为什么？

——来自加拿大渥太华的罗杰·派瑟

幸亏题主没有在花园里养田旋花。观察一下便可发现，它和所有旋花植物一样，是逆时针生长的（从下面向上看）。而忍冬则相反，是顺时针生长的。

题主不幸不熟悉喜剧音乐二人组夫兰达斯与史旺的作品，尤其是不熟悉他们那首《错误姻缘》[①]。

植物螺旋生长的方向并非取决于光线和太阳的位置，与其身处南半球还是北半球也毫无关系。由于攀爬的方向具有物种特异性，它很可能是遗传的。2002 年，植物学家桥本贵史表明，拟南芥的基因组中发生了突变，导致其本该竖直生长的根毛变为顺时针生长。类似的突变可能也是造成部分植物逆时针生长的原因。最初的突变赋予了攀爬类植物向上攀爬的能力，无论是顺时针还是逆时针，使其可以附着在其他植物的茎上，向着太阳攀爬。要是有除草剂可以阻止这些植物螺旋生长就好了，我有一花园的田旋花等着用呢。

——来自英国德文郡牛顿阿伯特的诺曼·多伊奇

[①] 一首描述忍冬属植物和野生植物恋爱的政治讽喻歌。

陷下去的木堆

有时候木柴堆最下面的木头会腐烂到只有原来干燥时质量的几分之一。为什么会这样？其原本含有的碳都去哪儿了？从减少温室气体排放的角度来看，木材被当作柴火烧掉好，还是在土里腐烂好？

——来自澳大利亚维多利亚州的彼得·塞利格曼

枯木首先会转化为活的有机物，这一过程主要由真菌、其他微生物和地鳖完成。它最终转化为二氧化碳、甲烷、水、氮，以及少量的固体矿物，其中大部分最终会被冲走或以肥料的形式留在土壤中。

然而，就温室气体排放而言，自然腐烂更有优势，尽管该过程会释放甲烷。燃烧几乎立刻将所有碳转化为二氧化碳，而食屑生物和腐化物质则会留下一些可燃材料，如充当碳的缓冲储存器的木质素和腐殖酸。这些东西可存在多年，在土壤中以固体形态不断累积，而非以二氧化碳的形式散发到空气中。

燃烧产生的二氧化碳需要很长时间才可以像木材腐烂产生的残留物一样落地。而这些碳的存储器是没有存储上限的。唯一可与之相提并论的是深海中不断累积的可溶解二氧化碳，以及白垩岩峭壁和丘陵地的碳酸盐矿物与碳质土壤。

——来自南非西萨默塞特的约恩·里奇菲尔德

木材朝上的一端

一块从树干上切下来的木板，如何判断它哪一端原本在上？

——来自英国布里斯托尔的罗斯·吉尼尔

这事通常比想象的容易。切尔滕纳姆附近的舍伯恩庄园有个洛奇公园，里面的看台几年前用甜栗树木材重新铺设了，这种树被称为"穷人的橡树"。为了减少浪费，木板没有照相同宽度进行切割，而是遵循了树木原始的粗细，即从根部向上呈锥形，这些木板被交错铺设。

这样一来，我们很容易判断木板的哪一端曾经位于树木的上端。但即使木板是按照相同大小被切割的，木纹上的锥形印记仍然可以辨别，锥形收敛的方向便是树的顶部。

——来自英国白金汉郡艾尔斯伯里的马尔科姆·尼科尔斯

在宏观层面上，答案是肯定的，如果你有一块周正的云杉木板。这是因为云杉的树枝总是指向上方。首先观察木板的末端——木纹的曲线会告诉你哪面曾经朝向树干外侧。

把木板立起来，找到一个贯穿木板的节疤。节疤是树枝长出来留下的痕迹，因此是从树干内侧相对低的位置向着外侧相对高的位置生长，这样便可以判断了。

——来自英国格拉斯哥的阿德里安·富尔德

在桌面上

取自水平树枝上部的木材（受到张力）和取自其下部的木材（受到压力）是否具有不同的特征？木材的不同用途是否基于这种差异？

——来自英国布里斯托尔的罗斯·吉尼尔

在现代，大多数应用都避免使用树枝木材，因为它的性能不够好。过去，建筑商对木材的需求较小，蒸汽弯曲技术还没有被发明，通常整根树枝都会被拿来使用，这的确风行一时。造船商用弯的树枝做肋材，不够直的长树干则被用于建筑物的屋顶框架，比如大教堂。而紧贴树干的树枝经常被用于墙面支撑。

没有垂直生长的树干和枝条被称为应力木。这在软木和硬木中体现出不同的特性。

在软木材中，由于受到压力而弯曲的树枝下方存在结构差异。这种木材的年轮较宽，导致偏离中心的树枝髓心上移。应力木的管胞（构成树干中心部分的狭长细胞）胞壁很厚，木材密度比一般木材大。然而，它们含有较少纤维素，并且纤维素链的方向不像通常情况下那样与细胞平行。因此，软木材比一般木材脆弱。

在这种木材上钉钉子，容易发生劈裂，染色时颜色分布不均匀，可能会在毫无预兆的情况下断裂。干燥会使木材不均匀地收缩，导致翘曲。所以，锯切这种木材非常危险，因为张力可能会导致木材弹向操作人员，甚至发生爆炸。

在硬木材中，弯曲的树干上方会形成异常纹理，这种树干称为应拉木。这种木材含有更多的纤维素，所以比一般木材坚韧。然而，在加工时，纤维结构会在木材表面留下"茸毛"（粗糙的感觉）。钉木材时可能也会出现问题。由于木材太硬，钉子会弯曲，因此需要事先钻好所有的钉孔。染色时的收缩和斑点问题与软木材相同。

应力木的最佳用途是做薪柴。

——来自澳大利亚维多利亚州马尔姆斯伯里的尼娜·伯德特

传统的长弓就是利用了木材的张力和压缩特性——不过做弓的木材来自树干。边材①易于拉伸，因而可做弓的外侧或背部，而不含活细胞的心材则构成了弓的内侧或腹部，能抵抗压力。

传统的英式长弓由西班牙或意大利的紫杉木制成，它们比英国紫杉木含水量少。这可能就是"箭术"（toxophily）这个高级词的由来，因为用于制造弓箭的紫杉木（Taxus baccata）是有毒的。

——来自英国大曼彻斯特郡斯托克波特的戴夫·休姆

---

① 位于树干外侧靠近树皮的部位，具有输导树液和贮藏营养物质的功能，会逐渐向坚硬的心材转化。

飞来飞去的豹纹蝶

蝴蝶为什么要忽上忽下地翩翩起舞？

——来自加拿大安大略省金斯顿的德莫特·巴雷特

除了用来飞行，蝴蝶的翅膀还可以控制温度，即释放或吸收热量。这些动作往往很显眼，造成了物种的选择压力，它们会尽可能生动地像同类展现自己，抑或向捕食者发出警告：我们不好吃。

扁平且异常醒目的翅膀会受到青睐，这反过来限制了飞行风格，决定了它们只能以幅度更大、节奏更慢的方式扇动翅膀，而不是像它们的祖先那样高频、小幅度地扇动翅膀。

蝴蝶的飞行方式传达的视觉印象很重要。它们在空中上下扇动自己的"广告牌"，并用富有个性的空中舞蹈来加深这种印象。这能展现出它们适合作为伴侣的品质，赢得同类的认同。长途迁徙的蝴蝶，如帝王斑蝶，其飞行方式既不同于滑翔于丛林空地的蝴蝶，又不同于在紫苜蓿丛中舞蹈以吸引伴侣的斑缘豆粉蝶，也不同于悠然自得的珍蝶（只有愚蠢的鸟类才会想尝第二口）。

——来自南非西萨默塞特的约恩·里奇菲尔德

自给自足

如果英国不引进任何食物，依靠自己生产，可持续养活的人口数量是多少？淡水显然也是一个重要的考虑因素。

——来自英国阿伯丁郡的吉姆·沃茨

如果英国不再进口任何食物，直接的后果就是市场驱动农村经济格局发生巨大变革。英国绝大部分农业都致力于肉类生产，不管是直接生产还是通过种植作为动物饲料的谷物。但是，肉类生产极为低效，通常要产出相同数量的食物，肉类所需的农场面积要比蔬菜多九倍——所以肉类食品会变得更昂贵。

为了养活人口，我们必须以素食为主，可能会加大肉鸡的批量生产或鱼的人工养殖。农村将主要用来生产蔬菜，大片的农田将种上菜豆、豌豆和其他豆类植物。而东南部地区的蔬菜可能会种在塑料大棚里。

讽刺的是，如果英国人养成这种饮食习惯，人们会变得更加健康长寿，最终导致短期人口增长。如果考虑到进一步的机械化生产、集约化培育、交叉育种、基因工程，以及可能出现的创新，三十年内，我们也许可以养活现有规模十倍的人口——大约五亿。

蔬菜生产需要大量的水资源，而英国就其面积来说是降雨最多的国家之一。问题是，老化的基础设施无法从西北部运输足够的水到东南部，因而只能采用抽水的办法来满足东南部迅速增长的人口的需求。重组英国供水网络将会很昂贵，但如果不重组，其代价是有人挨饿。那么，这笔钱总会筹到的。

——来自英国伦敦的尼格尔·帕尔默

楼上又搬出了关于植物与动物食品的那些谣言。是时候正确审视英国不同年份有机物生产及使用系统的相对产能了。

我之前考察过新西兰（农业生态系统与英国类似），结果发现，尽管谷物有助于确保每公顷土地能养活的人数，但在满足蛋白质需求方面，它们的效率远不如乳制品。豆类没有什么帮助。在收获谷物和播种下一轮作物之间，生产肉类或乳制品是我们利用生物量的唯一途径。

考虑到满足个人每日能量需求的成本，面包和黄油是比较合适的选择。奶酪则是满足蛋白质（或更准确地说是氨基酸）需求的最佳选择。

——来自新西兰科尔盖特的格雷姆·科尔斯

八头雏菊

在一门户外学习课上，我们偶然发现了一朵小花，我们认为那是八头小雏菊。是什么造就了这朵不同寻常的花？

——来自英国肯特郡坎特伯雷巴顿法院文法学校的托比·斯金纳和乔纳森·查普尔

茎的顶端，又称顶端分生组织，由未分化的细胞组成，具有从单个生长点长出茎、叶和花的潜力。当生长模式被破坏时，生长点可以产生多个融合茎。这被称为簇生（来自拉丁语 fasces，意为"一捆棍子"），你看到的八头雏菊就是一个典型的例子。

在这个例子中，似乎只有花茎扁化，但是其实整株植物都有可能受到影响，也许乔木和灌木会长出扁平的桨状树枝，并在其边缘和顶端形成密集的叶簇。

这种被扰乱的生长可能是由昆虫攻击、真菌、细菌及生长条件差等引起的物理损伤造成的，但主要原因似乎是遗传变异。最近，一张福岛核电站周围的双头大滨菊的照片引发了媒体的热议。核辐射可能会引起这种变异，但这种花并不罕见。

这种性状可以遗传。在英国，我看到过许多双头蒲公英生长在一起，它们可能是同一株植物的后代。确实，拥有花哨的褶皱花头的鸡冠花就是由另一种苋科植物突变而来，之后被选择性育种。另一个基因突变的例子是扇尾柳，它弯曲扁平的枝条甚至令日本插花师艳羡不已。

　　这种现象也发生在各种各样的维管植物中，包括蕨类植物和仙人掌。这也不代表什么凶兆。这样的植物随处可见。事实上，我非常珍惜我家那株岁数不小的桂竹香，它枝条扁平，花朵纠结在一起，在我花园里最干旱的角落里活了下来。

——来自英国北约克郡欣德韦尔的克里斯·沃曼

松木的清香

圣诞树散发的气味究竟是什么？

——来自英国伦敦的托马斯·托宾

圣诞树散发的气味是针叶树在进化过程中产生的。数百万年来，这些树给自己装备了各式各样的化学武器，包括各种可以用作杀真菌剂和杀菌剂的物质，它们可以抑制大大小小的食草害虫。

这些化学物质的组合随树种的不同而不同，但它们通常由芳香族化合物组成，包括萜烯，如 α- 和 β- 蒎烯、柠檬烯和莰烯；以及酯类，如乙酸冰片酯。幸运的是，我们正好觉得这些气味很有吸引力——甚至把它们加到香水和空气清新剂中。

如果你碰巧有一棵人造树，你会闻到不同种类的酯的气味，可能是邻苯二甲酸酯或类似的物质，用于使塑料叶片更柔软和有韧性。如果可以的话，不妨在松香消毒剂中浸泡一些圣诞树的装饰品，给你的假日增添一些针叶树的香味。

——来自英国爱丁堡波托贝洛高中科学部的戴维·缪尔

06

偌大的世界

反曙暮辉

我是澳大利亚一名负责海上货运的海军军官。在南部海域，我们经常会看到一些壮观的景象。但是在 2014 年 6 月 22 日的黄昏时分，我目睹了罕见的一幕。与落日呈 180°角的光线从地平线上散射出来。有谁能解释这种自然奇观吗？

——来自澳大利亚新南威尔士州的马丁·斯基珀

你看到的不是从地平线上散射出来的光，恰恰相反，是阴影线明显汇聚于一点。这被称为反曙暮辉，是观察者背后的夕阳透过云层投射阴影的结果。我们都熟悉这样的场景：阳光穿过云层的缝隙散射出来。那些光柱是平行的，只是因为我们在地面上观察，它们看上去才像是发散开来。这与远方的平行铁轨看似相交是一个道理。

黄昏时分，光线和云影几乎与地球表面平行，所以可以连绵几英里。空气中的灰尘或雾气可以将消失在我们背后的光线和阴影显现出来，并将它们汇聚于与太阳方向呈 180° 的对日点上。在海平面上，这种现象只发生在黎明或黄昏时分。然而，如果你站得足够高，这时候对日点将出现在可见的地平线之上，这样你就有更长的时间来观赏这种效果。所以登山者和像我这样的飞行员将有更多的机会看到它们。太阳西沉时分，登山者有时也可以看到他们身后的山脉投下的阴影。

——来自英国肯特郡海上西门的马丁·鲍威尔

朦胧的火焰

在威尔士的一个沙滩上，我经历了这辈子最严重的一次晒伤。那天天气阴沉，天空布满薄雾。我经常在盛夏去希腊的岛上度假，但是从来没有被晒成这样。这是什么原因？

——来自英国爱丁堡的尼尔·麦克诺坦

我猜，题主在威尔士的海滩上时错误地以为这种程度的光照很安全，因而没涂防晒霜。毕竟，看不到太阳，加上气温又低，晒伤的可能性很小。而在希腊的岛屿上，我猜人们会时不时涂点防晒霜，如果觉得太热，人们会躲到阴凉处。

不幸的是，导致皮肤晒伤的紫外线（UV）可以穿透云层。而薄雾正好起到扩散的作用，使你的皮肤被均匀地晒伤。更糟糕的是，沙滩和大海犹如镜子般反射了部分紫外线——可能会反射到未被太阳直射的皮肤上。这是我在瑞士阿尔卑斯山少女峰游玩时的经历：在户外待了不到一小时之后，我靴子以上的部位均被灼伤，因为雪地反射的日光穿过了我的裤腿下摆。

紫外辐射分为三个波段。UVA 是最低频段，UVC 是最高频段，同时也最危险，但幸运的是后者被臭氧层阻隔。造成晒伤的是 UVB 光。2004 年，澳大利亚的研究报告称，透过云层缝隙的 UVB 辐射强度增加了 40%。与人们的直觉相悖，一些研究结果显示：云层会增强紫外线辐射的强度。尽管其背后的发生机制尚不明确，但当紫外线被高空卷云折射，并被低空积云反射时，其增强效果似乎达到了最大。阴天强化了这种效果。紫外线对 DNA 造成损伤，会触发黑色素的生成，黑色素是一种光保护性色素，一种天然防晒剂，能减少进一步的损伤。

过多暴露于紫外线下会导致晒伤。UVB 辐射强度取决于几个因素：一年中的时节（夏季较高）、一天中的时段（正午太阳最高时最强）、海拔高度（每上升 1000 米，紫外线强度增加约 10%）、户外时间以及纬度。如果其他所有条件一致，你在希腊遭受的紫外线辐射强度更大，而威尔士的紫外线指数只有它的三分之二。令人惊讶的是，夏至时，希腊的阳光只比威尔士强烈约 20%，但是，在云层对紫外线的增强作用下，或者你误认为仅在阳光灿烂的日子才会被晒伤，在较凉爽的天气无须涂抹防晒霜，威尔士的紫外线辐射反倒会更强。

——来自英国西米德兰兹郡萨顿克尔德菲尔德的迈克·福洛斯

色彩能走多远？

彩虹的光能够从可见光谱向外延伸至多远？

——来自英国爱丁堡的格雷格·帕克

要形成彩虹，需要光以及能折射光的透明物质。然而，水只能被电磁波谱中以可见光为中心的少量电磁波穿透。来自太阳的红外线和紫外线只有部分可以到达地球。也许在土星的卫星泰坦上可以形成红外彩虹，这些波段能够穿透那里的大气层。

泰坦上气温太低，其表面无法形成液态水。地球上有水循环，泰坦上则有甲烷循环，由于液态甲烷也是透明的，所以甲烷雨可能会产生彩虹。这些彩虹的半径（弧度约 49°）会比地球上（弧度约 42.5°）的稍大一些，穿过泰坦的大气时会带出一丝橙色。但是，我们很难用肉眼发现它们，毕竟只有很少可见光可以穿透朦胧的天空到达地面。相比之下，彩虹的红外部分会很明亮，不过你需要戴特殊设备才能看到。它的弧度将超过 50°。

——来自英国西米德兰兹郡萨顿科尔德菲尔德的迈克·福洛斯

可见光的波长范围为 400 纳米（紫色光）至 700 纳米（远红外光）。彩虹的光谱取决于两个因素：水的吸收，主要以水蒸气（因为光必须穿过水滴才能形成彩虹）的形式吸收；光源，这里指的是太阳直射光。水中最适合传播波长为 400 纳米的光。这就是在水下一切看起来都呈蓝色的原因——长一些的波长被吸收了。波长不超过 200 纳米的紫外线可以在水中很好地传播，因此彩虹的紫色端的强度取决于光源。当彩虹形成时，来自太阳的紫外光被臭氧层吸收，然后通过所谓的瑞利散射分散在大气中。因此，到达地球的太阳直射光中的紫外线很弱，波长在 300 纳米以下的紫外线基本上无法通过大气层。它形成了彩虹光谱中较短的一端。彩虹的红外端与它颜色变淡更为相关。随着光的波长从 700 纳米增加到 1000 纳米，它在水中的透射率下降了 90%。来自太阳的自然光也下降到峰值的一半，所以我们可以将 1000 纳米作为实际的上限。在波长增加到 1000 纳米之前，彩虹的颜色已经开始变淡呈现为暗淡的虹带。这是被大气中的氧气（762 纳米）和水蒸气（约 900 纳米）吸收的结果。实际上，这向我们展示了 300 纳米到 1000 纳米的彩虹光谱，尽管红外端看上去十分模糊。

——来自澳大利亚新南威尔士州圣奥尔本斯的盖伊·考克斯

虽然这与你的问题没有直接关系，但大气对光的影响的一些已知细节值得我们去了解。我们经常听到天空呈现蔚蓝色是水蒸气对光的瑞利散射的结果。但实际上，臭氧才是主要原因，它吸收了以橙色为中心的"查普斯带"（Chappuis band）。黄昏时分，天空呈现清澈的蓝色主要是由于臭氧层。没有它，天穹将是灰暗的淡黄色，而不是我们看到的深蓝色。

——来自德国加兴欧洲南方天文台的退休天文学家罗伯特·福斯伯里

阳光普照

我在《新科学家》上读到，冬季在纬度高于约 35° 的地方晒太阳，人身上产生的维生素 D 几乎可以忽略不计。我在塔斯马尼亚（南纬 40°）生活多年，一直在午后赤身晒日光浴，以促进维生素 D 的合成。难道一直以来我都是在白费工夫吗？

——来自澳大利亚塔斯马尼亚州德文波特的盖伊·伯恩斯

我住在俄勒冈州（北纬 45°），多年来一直在测量紫外线辐射。在冬季的晴天，海平面上每平方厘米的 UVB 辐射强度可达 100 微瓦。这是盛夏时节 UVB 强度的 25%~30%，是热带地区的五分之一。对于白皮肤的人来说，夏季每天晒 15 分钟，或在仲冬晒 1 小时，便可以获得足量的维生素 D。皮肤较黑的人则需要更多光照。

题主应该确保在正午晒日光浴，因为无论在最高日照角的哪边，UVB 的辐射水平都会在两小时内下降。当然，多云和雨雪都会减弱甚至消除 UVB 的作用，但在这种天气你也不会赤身裸体。

——来自美国俄勒冈州尤金的史蒂芬·约翰逊

极地贸易

> 如果我在南极买了 1000 吨金条，并以相同的价格在墨西哥出售，那我是不是亏本了？金条在赤道上的重量肯定比在南极轻，因为赤道的转速更快？
>
> ——来自英国汉普郡斯旺摩尔村的理查德·伯恩

地球表面各处的重力加速度确实略有不同，这部分是由于地球是椭圆形的，以及问题中暗示的引力变化。岩石的不同密度和大规模的地形特征则造成了更多局部地貌差异。例如，因冰川中含有大量水分，格陵兰岛周围的海平面就比没有冰川时高。此外，由于太阳和月亮的相对运动，地球表面重力加速度会在短期内发生轻微波动。

由于受到地球自转的影响，赤道比极地的加速度少了约 0.3%。此外，赤道上突起的地方意味着此处的物体与极地的物体相比离地心更远，因此其加速度比极地又少了 0.2%。物体的重量将比在两极多 0.5%。墨西哥城海拔 2000 多米，远离地心。然而，墨西哥距离赤道还有一段距离，这就抵消了其他因素造成的影响。因此，我们可以估计，极地重 1000 吨的黄金在赤道上将减少至 995 吨。

所以，从理论上讲，如果你在赤道上买进，在两极卖出，可以大赚一笔。然而实际上，运输和安全成本令人望而却步。供求法则表明，当企鹅或北极熊是你仅有的客户时，你卖不出一个好价钱。此外，黄金通常会被铸造为标准质量的金锭——除非你可以说服客户用你自己的秤来称重，不然你就麻烦了。

——来自澳大利亚威尔士州纽卡斯尔大学工程学院的西蒙·艾弗森

离开地面

是什么阻碍了地热能的发展？地底下肯定藏着大量能源。

——来自英国布里斯托尔的罗伯特·沃茨

在寒冷的气候中，将地热能用于供暖意义非凡，局部"地区供暖"系统已经存在了几个世纪。如果你想利用它来发电，你需要尽可能找到最烫的水。在火山地区能轻易找到热水，但在其他地区，则需利用钻井和水力压裂技术才能获得地壳深处的热量。这使成本变得非常高，尤其是当你需要将水加热转化为 600℃高温的蒸汽，以驱动目前最先进的发电设施时。通常，地表的水温比煤、油或天然气燃烧产生的蒸汽温度要低得多。因此，与化石燃料相比，地热能总是比较昂贵，但化石能源或许会因排放二氧化碳的问题被摒弃。

——来自英国剑桥大学三一学院的休·亨特

地图滞后

> 在古代的地图上，印度的版图通常比现在小得多。有时大概只有现在的一半大。显然，当时的水手可以判断距离，特别是沿着相对平坦的海岸线航行时。那么为什么会产生这种地图与版图不相符的情况？
>
> ——来自英国埃塞克斯的 T.L. 恩雷福尔

造成印度版图变化的根本原因是你无法将球面从球体上剥下来铺平且不变形。想象一下剥橘子皮的过程。你只能选择如何扭曲它：是保留区域、距离，还是方向，不可能面面俱到。任何为地球表面制作地图的方案都要面对这种妥协。

三维的球面无法用二维平面完美地呈现，只能根据制作地图的目的做出适当选择。16 世纪的墨卡托投影保留了罗盘方向：经线和纬线呈直线（所有其他直线行程看起来都弯曲了，就像你在飞机上看到的飞行路线图）。罗盘方向的保留以及沿海地形的准确绘制正是水手关心的——毕竟他们是当时地图最重要的消费者。但是墨卡托投影有个很大的缺点：它将 40 千米的北极圈拉伸到与 4000 千米的赤道一样长。地图上，非洲看起来比格陵兰岛小得多，但实际上非洲的面积是格陵兰岛的 14 倍，而印度看起来也很小。

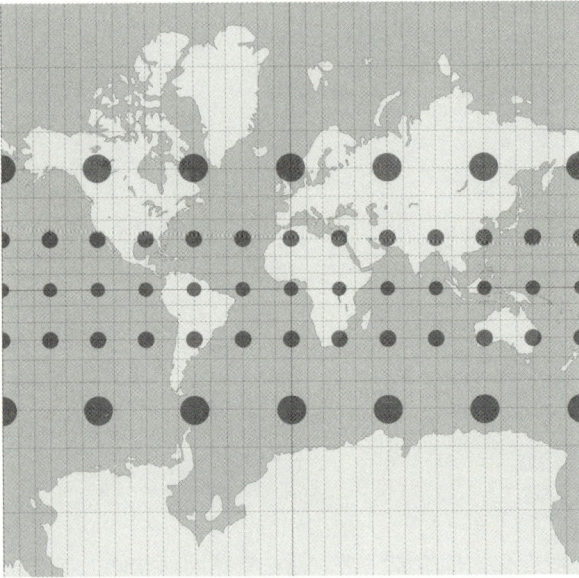

（墨卡托投影）

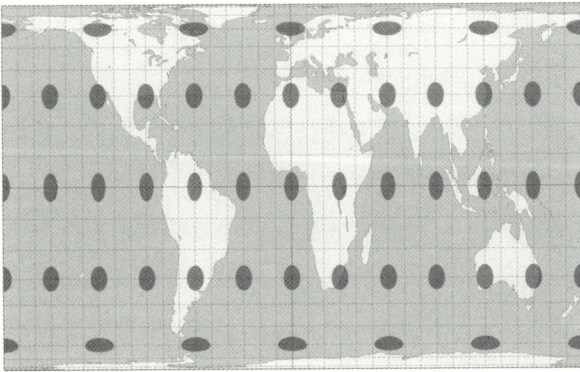

（高尔投影）

现在有多长
How Long is Now？

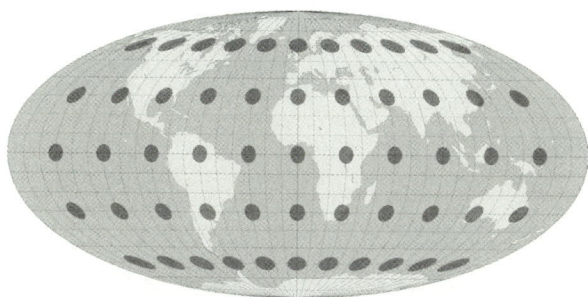

（莫尔韦德地图）

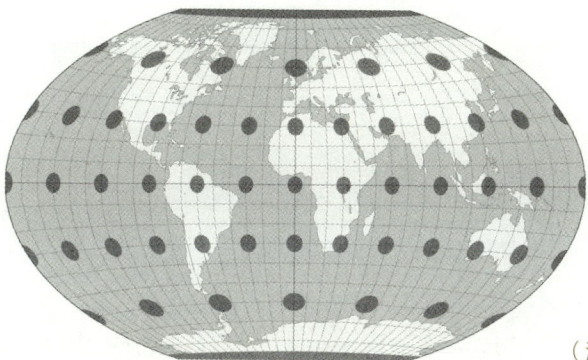

（温克尔三重投影）

所以在1855年出现了高尔投影，并于1973年以彼得斯投影之名重新流行起来。它压缩了极点附近的垂直距离，以弥补固有的水平方向的膨胀，结果导致北部国家（以及澳大利亚）难以辨认，但保留了每个国家的相对面积。如果你准备放弃矩形地图，半椭圆形的地图不失为一种好的选择，尽管边缘部分依然会失真：1805年出现的莫尔韦德地图是常见的等面积投影地图；美国国家地理协会采用了1921年问世的温克尔三重投影。

在线地图（如谷歌地图）仍然使用简化的墨卡托投影，因为其主要目的是在矩形地图上保留罗盘方向。

——来自美国加利福尼亚州圣地亚哥的罗恩·迪波尔德

闷热的机场

我注意到，希思罗机场常常是英国夏季气温最高的地方。为什么？

——来自英国伦敦的卡特里奥娜·休厄尔

希思罗机场位于英国东南部，而英国最温暖的地方绝对在东南部。这不仅因为这里是南方，在炎热的夏季，来自南方或东南方的温暖陆风也会最先抵达这里。

此外，还有一个因素：城市热岛效应。大多数城市的气温高于周边农村地区，因为密集的技术应用会产生余热，柏油路也比植被更易吸收太阳能。所以，伦敦的温度比其他地方都高也就不足为奇了。

但是，我不认为希思罗机场的气温一定比伦敦其他机场高。只是在它温度高时我们更容易关注到而已。事实上，迄今为止英国历史上最高温度的记录（2003年8月10日，38.5℃）并非诞生于伦敦，而是肯特郡的法弗舍姆镇。

——来自英国达勒姆郡达勒姆的威廉·托格森

现在有多长
How Long is Now？

关于色彩的困惑

如果可以用肉眼观察到亚原子粒子，它们会是什么颜色？

——来自英国怀特岛锡维尤的迈克尔·格林

大多数常见物体都可以反射光。当我们看东西时，看到的是它表面发散出来的光线。这些光线有两个来源。

如果投射在物体上的光是白光，那么我们看到的颜色源于未被物体表面吸收的可见光。所以物体呈现蓝色是因为它吸收了其他颜色的光，只剩下蓝色光被反射回来。如果光源中没有蓝色成分，则物体表面将呈现为黑色。

但光也可以来自物体本身。温度高于绝对零度的所有物体都在不断发射电磁波。在室温下，这些光的波长低于可见光谱，所以我们无法用肉眼看到（但可以借助红外护目镜看到）。但是，当物体变得足够热时，其电磁辐射就会进入可见光谱。它从较下方的红光开始（例如，发热的煤），随着物体升温而呈现出更多颜色，直到最终发出"白热"光。

如果你有一个孤立的亚原子粒子，例如孤立的电子、质子或中子，可见光谱中的光波经过它时不会发生相互作用，因为粒子太小。所以，不存在某种反射光可以让粒子呈现出你能看见的任何颜色。你看不到它，就像你看着本书这一页，却对漂浮在你和书之间的空气中的氧原子和氮原子视而不见。

用肉眼观察到这样的亚原子粒子的唯一途径是，把它加热到可以发射可见光谱波段的电磁波——它的颜色将取决于粒子的温度。

举一个日常的例子。我们的太阳是一个主要由发白光的自由质子和电子组成的等离子球。一些恒星的表面温度较低，因此其质子和电子看起来是红色，而其他恒星的表面温度较高，所以呈现为蓝色。

——来自澳大利亚新南威尔士州卡拉汉的西蒙·伊弗森

为了看到原子，我们需要光处于伽马射线范围内，伽马射线比可见光的波长短几百万倍，这意味着可怕的高能光子。

这样的光子去撞击粒子，或由粒子放射出来，就像用锤子击打它，使其发生偏转。这就是为什么伽马辐射对活细胞如此危险——它会使电子脱离原子。在这种光线中，原子呈现出伽马射线的颜色，但肉眼依然看不见，因为它的波长比可见光短得多。

——来自南非西萨默塞特的约恩·里奇菲尔德

我可以自信地断言电子是绿色的，光子是蓝色的，如果我没记错的话，质子是黄色的。我记得在一家大型电子公司的食堂和同事讨论过这个问题，当时一位著名的物理学家愤然走到我们桌前，斥责我们胡说八道。我们花了一些时间向他解释，我们讨论的不过是一个培训视频中用动画形式呈现的粒子的颜色。

——来自英国康威郡阿贝尔格莱的詹姆斯·李

压力巨大？

> 我在《新科学家》上读到，地核所受的压力是 360 万个大气压。我原以为地核所受的压力为零，因为它是由引力引起的，由于其周围各个方向的拉力大小相等，所以核心处的压力应该为零。谁能讲清楚这其中的缘由？
>
> ——来自加拿大安大略省渥太华的肖恩·查兰

不要把任意点所受的压力与那一点所受的引力混淆。当然，引力在质量中心抵消，重量减为零。但地球内部其他任意一点的引力均指向其质量中心，这会增加所有更深处的点受到的压力。

想象一下鼓胀的气球：就算只对其外部施压，位于中心的气体也会倍感压力。

——来自南非西萨默塞特的约恩·里奇菲尔德

太平洋马里亚纳海沟底部的压力超过一千个大气压。如果其他地方存在一个比它深一倍的海沟，那里的压力将是它的两倍以上。

地表以下越深的地方，压力越大。地心所受的压力源自约 6400 千米深的液态铁和其上的岩石层。

地心的引力为零，并不意味着地心以上的一切会突然失重。

想象一下，当新加坡地下沉重的熔岩柱倒向地心时，地球另一端的厄瓜多尔地下的熔岩柱正朝相反的方向运动。

　　一个位于地心的物体可能会失重，但它就像是一粒被你用手指挤压的橙子籽。

——来自英国剑桥大学的休·亨特

磁极逆转

平均每30万年发生一次磁极逆转的现象，两极转换的过程要花几千年才能完成。磁场会弱化，但绝不会降到零。最近一次磁极逆转发生在78万年前，所以这之后的一次磁极逆转已经过了它本

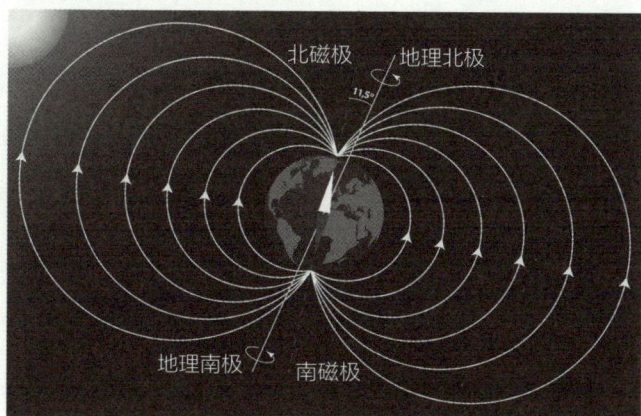

（磁偏角）

应该发生的时间。

地球会产生磁场是因为它的运行机制就像一台自动发电机。当熔融的外核冷却为固体内核的一部分时，潜热得到释放，催动了外核中的对流。地核中有金属元素，因而含有离域电子。对流和地球自转会导致这些电子移动，产生电流，从而形成磁场。

地磁仪是一种测量磁场强度和方向的装置，由卡尔·弗里德里希·高斯于1832年发明。为了测量更久远的地球磁场，英国利兹大学的戴维·格宾斯翻阅了早期远洋探险家的航海日志。那些海员利用指南针和六分仪进行导航，测量并记录磁偏角——正北方向和磁北方向之间的夹角。他们重构了地球的磁场强度，发现它比1860年弱了10%，这预示着磁极可能正在逆转。不过，磁场变弱也可能是因为其他因素的影响。

为了进一步了解这一过程，马里兰大学的丹尼尔·莱思罗普及其团队制作了一个由熔融钠构成的旋转球体，名为"三米发电机实验"。他们希望通过实验证明，旋转球作为发电机，会产生自己的磁场。这延续了威廉·吉尔伯特开创的传统。后者造了一个磁石球，取名为"小地球"，用来模拟地球磁场。他于1600年出版了《论磁》，其论证的先进性在两个世纪内未被超越。尽管近来已被许多人遗忘，但他开创了实验科学，深刻地影响了伽利略以及后来的科学家。

——来自英国西米德兰兹郡萨顿科尔德菲尔德的迈克·福洛斯

我们听说有一个休眠了数百年甚至数千年的地下火山侵入体，其结构中的不同部分保留了明显不同的磁性定向。这印证了逆转现象确实会持续数千年之久。

这与我们研究这些事件的理论模型（诚然不够精确）大体上是

一致的。这就是地质学家不太相信地球会上演"磁极逆转厄运"剧情的原因。在一个动物个体的一生中，磁场的变化不可能凌驾于其先前经验之上。

换个角度看，那些仅依靠磁场进行迁徙的动物将在每次磁极逆转时灭绝。利用多个判断方式比依赖一个显然可变的方式更可靠。例如，动物在夏季向北迁徙时，当它们对磁场的感应与"太阳从右眼方向升起"的经验法则不符时，只依赖其中一种线索的动物迁徙效率更差，后代的生存率更低。而结合这两种判断方式的动物将会幸存下来，更好地繁衍。

——来自英国阿伯丁郡的艾丹·卡利

冲浪

在无浪的日子里，冲浪者经常说要等待涨潮，因为有潮水推动时波浪会更大。波浪会随着潮水的到来而变高，这种说法有没有根据呢？

——来自英国康沃尔郡圣奥斯特尔的科林·里斯纳

一个字：有。激浪可能来自数千公里外的涌浪。涌浪在路过较深的区域时会加速，向外延伸的同时波高降低。相应地，越靠近海滩水越浅，浅水使每波涌浪最前端区域的速度降低。海水一浪叠一浪，直到最后卷曲成碎波。波浪移动越快，携带的能量就越大，成为碎波时声势就越惊人。

退潮时，潮水离开海滩。这降低了随后到来的涌浪涌向海滩的速度，从而削弱了激浪的能量。涨潮则会提高波浪冲向海滩的速度，从而增加激浪的能量。你可能会反驳，退潮和涨潮太慢，根本难以察觉，对于疾波来说确实如此。但是举个例子吧，北海的波浪较小，因此速度较慢，相对差异就比较明显。动能与速度的平方成正比，所以每小时 2 千米的速度差足以将细流变成巨浪。

——来自南非西萨默塞特的约恩·里奇菲尔德

07

物理学

原子键

如何从原子层面解释便利贴是怎么黏住东西的？
——来自英国伦敦的费利克斯·巴尔布尔

便利贴是高分子化学的经典应用。便利贴的发现过程十分有趣。1968 年，斯潘塞·西尔弗试图制造出具有超强黏性的胶，结果却得到了一种黏性超弱的胶。但大多数发现都是意外，所以谁会对此不满呢？也许只有像我这样的学生才会抱怨，因为我们需要便利贴来提醒我们考试日期和作业。

便利贴使用的胶水是一种压敏黏合剂。这意味着你只需要施加轻微的压力，就可以将便签粘上。通过流动和阻力之间的平衡，便利贴和被粘物表面黏在了一起。黏合剂可以流动，正好填补表面的微小缝隙，但其流动性不强，因而只能留在原处。这导致了便利贴和物体表面的黏合。

如果进一步放大到分子层面，我们可以看到，对黏合强度贡献最大的是范德瓦耳斯力。当分子一侧的电子数多于另一侧时，产生偶极子（就像一个极小的磁铁）。这使得附近的另一个分子产生相反的偶极子，两者彼此黏合。范德瓦耳斯力通常很弱，但分子越大，它会越强。

——来自英国东萨塞克斯郡布赖顿的布拉德利·克拉克

便利贴的黏合剂与其他压敏接触黏合剂的物理机制大致相同：通过范德瓦耳斯力的结合，内聚力（黏胶分子彼此黏附）和黏附力（黏附到一切表面）达到恰到好处的平衡，与目标表面的微观形貌保持良好接触，从而实现黏合。

更有趣的问题是，便利贴是如何做到撕下来不破的。在使用时，揭下便利贴会在物体表面留下便利贴胶的细微痕迹，但这些痕迹小到不足以损害物体表面。其中的秘诀在于聚合物的分子结构，它将较大的团块连在一起，形成一个精密的网络。想象一下网球网的空隙大半被有黏性的球填满的样子。便利贴纸牢固地贴合在黏合剂（网球）的一侧，但是每个球体（或网球）只有一面朝外，正好碰到相邻球体的表面。

这会产生两个重要的效果：内聚力一定会大大超过黏附力，剥离物体表面的纸张时只能一个连着一个地扯下这些"小球"，任何一点，都只需要在一个集中点上施加一个很小的力，就像拉开拉链上的一个个链齿一样。强接触黏合剂的不同之处在于，它们将剥离力扩展到尽可能广的面积。这使得你很难只扯住任意一个点，而不同时带起相邻的黏性物质。

——来自南非西萨默塞特的约恩·里奇菲尔德

彩色小点

我注意到，白天从远处看一个物体时，它的颜色会发生变化。例如，我看到我妻子在瑞士的一个湖边散步，我和她隔着 600 米或更远，她的粉色上衣看起来是白色的，而她的蓝色长裤看起来是粉色的。只有我们视线范围内的物体足够大，我们才能正确地辨别它们的颜色吗？

——来自英国德比的尼尔·克罗尔

在你的视野中心，存在一块很小的区域无法辨识蓝色。这种"视网膜中心蓝色盲"意味着，当蓝色色度不同的物体非常小时，就像从网球场另一头看一个网球，你会无法区分其色度。在这种情况下，白色和黄色、红色和洋红色、蓝色和黑色看起来都是一样的。

这种现象早就为人所知。海军信号旗的设计就考虑到了这一点，即使人们站在容易产生这种效应的距离看海军信号旗，也不会混淆它的颜色。同理，纹章的配色通常禁止白色背景上出现黄色图案，或黑色背景上出现蓝色图案，反之亦然。

——来自英国剑桥大学的动眼神经生理学教授罗杰·卡彭特

这种效应称为空间透视，它是风景画创作中的一项重要技巧。将一种颜料与白色颜料混合来稀释其亮度，以此模拟大气对远方物体的影响。这就是远方山丘呈现蓝色或紫色，以及你妻子衣服颜色变淡的原因。在风景画中，红色和黄色等明亮的颜色最好在前景中使用，而淡蓝色和其他被稀释的颜色则会给人深邃的幻觉。当然，野兽派打破了这些规则，他们偏爱超现实的强烈色彩，效果也非常好。

——来自澳大利亚新南威尔士州悉尼的英格丽德·班韦尔

磁感线

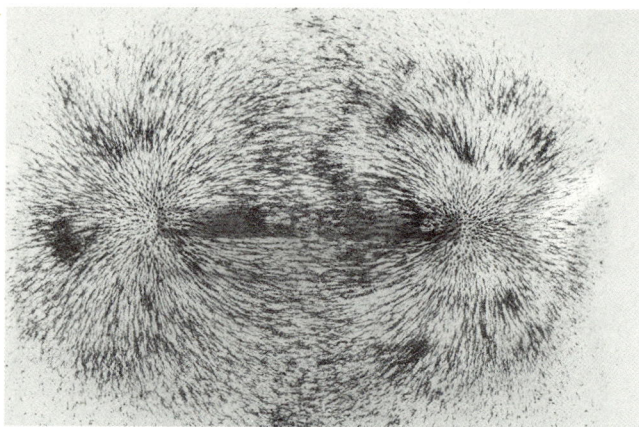

磁场能够透过其周围的材料，穿越空间。它是三维连续场，但我们经常用二维的磁感线展示它。磁感线并非物理存在，但却是一种揭示磁场方向和强度的简便方法。当铁屑分散在纸上，用条形磁铁在下面吸引，每片铁屑都会变成一个临时的小磁体，并与磁场对齐。所有铁屑形成的线会产生与磁铁相反的感应磁场，所以这些线相互排斥，彼此分离。

　　磁铁两侧的磁场较弱，相互排斥的现象比磁极处更明显。在磁极处，磁铁压制住了铁屑相互间的斥力，磁感线间距变小。将两枚5厘米长的钉子尖端靠近竖起的条形磁铁底部，就可以很好地展示这种相互间的斥力。轻轻地晃动磁铁，尝试让两枚钉子彼此碰触。这一运动令人着迷。

——来自英国爱丁堡波托贝洛高中科学部的戴维·缪尔

　　磁场确实很平滑——直到你在其中放入铁屑。这些铁屑成了微型条形磁铁，它们的磁极与磁场相反。这会扭转它们的方向，让它们与磁场对齐，然后首尾相接。但是，由于条形磁铁不喜欢被并排摆放，所以它们彼此排斥，而且每条铁屑线都相互分开。

　　另一种说法是，通过抵抗磁化它们的磁场，铁屑削弱了所处环境的磁场，最终被推到剩余磁场最强的区域。你在边缘位置看到的逐渐减弱的磁感线是偶极场的天然形状。沿着磁轴，所有区域的磁场——我们可以想象构成条形磁铁的小磁铁——聚集起来，形成强大的磁场。当你偏离磁轴时，远离其中一个磁极，磁场会变弱，沿着磁铁逐渐减至最弱。当你接近另一个磁极时，磁场会再次增强。

——来自英国伯克希尔郡纽伯里的亚历克·考利

吸引力法则

> 我的工作会用到稀土磁体，大约 32 毫米宽，8 毫米厚。四个这种磁体可以将一台 1 公斤重的设备牢牢地吸附在启动的推土机上。但是当装满 1000 个这种磁体的包裹抵达时，包裹周围却几乎没有磁场。这是为什么？
>
> ——来自澳大利亚昆士兰州洛塔的克里斯·西摩

当 1000 个磁体打包装船时，磁体被排列成圆柱状。每个圆柱体都是由一些 32 毫米宽、8 毫米厚的磁体组成，上一个磁体的北极朝着下一个磁体的南极，因为不可能有别的堆叠方式。一堆磁体并不比一个磁体磁性更强。接下来，圆柱体将以极性交替的方式装箱。因此，封装完毕的包裹，其末端的北极和南极是交替排列的，犹如棋盘上交替的黑白格。

这样做是为了尽可能让交替堆叠的圆柱体的磁场彼此抵消。否则，运送磁铁将会很危险。包裹的末端仍然会有一定的磁性，但只要裹上一定厚度的包装材料，包裹外面便只会有一个非常微弱的磁场。

——来自美国俄克拉何马州塔尔萨的戴维·伊曼纽尔

泡泡游戏

为什么在水中释放的气泡上升时呈蘑菇状？

——来自英国伦敦的帕特里克·凯斯门特

气泡可以呈现许多不同的形状，这取决于它们的大小速度和水的纯度。空气和水的边界具有表面张力，因此静态气泡呈球形，以使表面积最小化。但在水中运动时，拖曳力会发挥作用。

你可能觉得气泡会呈现流线型的机翼形状。情况恰恰相反。根据伯努利定律，周围液体在经过气泡时会加速，导致气泡"赤道"周围压力下降。然后气泡膨胀，那些直径大于一毫米的在上升时呈圆盘状。

随着气泡变大，湍流会使它们发生振荡，从而产生额外的拖曳力，使其减速。气泡直径大于 20 毫米，不断增加的湍流将导致气泡进入所谓的球冠体系，即题主说的蘑菇状。气泡的上半部是半球形，但紧随其后的湍流会使气泡下方变成杂乱的细小气泡，它们不断破裂、聚合，直到被上升的球冠形气泡的尾波捕获。

气泡所受的压力在接近水面的过程中会变小，因此它在上升时会膨胀，更有可能进入球冠体系。距离水面越远，上升的气泡就有越长的时间可以碰撞和聚合，快速上升的大气泡往往会赶上并吞噬小气泡。该过程将持续到气泡达到形成球冠的临界大小。

——来自澳大利亚新南威尔士州卡拉汉的西蒙·伊弗森

不可思议的光

　　我有一块夜光手表。白天我把它放在朝南的窗台上充电，但表盘总是非常暗淡。一天晚上，手表暗到根本看不清时间，我用 LED 自行车灯照了一秒。手表立刻变得非常明亮。一秒钟的自行车灯光照怎么会比一整天的太阳光照更有效呢？

——来自英国牛津的 P. J. 斯图尔特

　　大部分会发光的手表表盘都涂有铝酸锶盐等荧光基质。当电磁辐射击中基质材料时，一些入射光子的能量正好可以使基质原子的电子跃迁到高能级。随后，这些被激发的电子恢复平静，同时释放出一个新的光子。

　　而荧光材料中的能量交换几乎会在瞬间完成，荧光材料可以将光子的能量束缚在三重态中，三重态的衰减可能需要几分钟甚至几小时。结果便是，荧光材料在初始辐射充电之后在一段不短的时间里持续发出低强度的光。

　　地球上太阳辐射的平均强度约为每平方米 1.37 千瓦，即太阳常数。所以在持续光照下，每秒钟有大约 1 焦耳的能量会击中 7 平方厘米的夜光表表盘。

　　但是，如果是在北半球整日朝南，它将无法持续受到阳光直射，接收到的能量将会少得多。

假设题主是在日落后不久观察表盘，由于西下的太阳只能斜斜投来微弱的光线，故表盘只能发出微弱的光。不管是哪种情况，随着电子跌落到低能级，表盘的能量不断泄漏。

相比之下，LED 自行车灯的额定功率为 3 瓦。如果近距离对着手表闪烁一秒，3 焦耳能量将全部投射到手表上，所以表盘会发出亮光。

白光的 LED 灯不仅比直射的阳光携带更多能量，还有可能发生蓝移，所以它会释放更高能量的光子，因而更有可能激发表盘中的电子。相比之下，阳光主要由能量较低的黄光和红外光组成。

不过，经过三小时的午后阳光照射后，表盘亮的时间肯定会比用 LED 灯闪射一秒后亮的时间更长。这是因为，增加照射时间也就增加了荧光材料中每个电子被光子击中的可能，因而可能引出更多三重态。

——来自英国赫特福德郡奇珀菲尔德的山姆·巴克顿

过去，夜光表上的涂层含有放射性物质和荧光基质。辐射持续激发荧光基质，使其在夜晚发出相同强度的亮光。当我还是个小学生时，我把盖格计数器①放在我的手表上，惊讶地发现计数器反应强烈。

如今，夜光表涂有效果持久的荧光材料，这些荧光材料暴露在光下时会被激发。这个过程会持续一段时间，但激发出的能量很快会呈指数下降，而且手表只在荧光涂层被激发后的那一段时间显得很亮。所以白天一整天的暴晒几乎没什么用——只有最后几分钟有

① 一种用于检测电离辐射（放射性）的仪器。

意义。

午后的大部分时间我都在户外，（澳大利亚的冬季）日落后半小时，我就看不清手表上的字了。但 LED 灯闪射在表盘上时，表盘会再次变亮。大功率白光 LED 灯可以放射出大量紫外线，有效激发荧光基质。白炽灯也可以，但效果较差。

——来自澳大利亚悉尼大学澳大利亚显微镜和微量分析中心的
盖伊·考克斯

手表制造商在发光表盘上使用了不同的荧光材料。有些暴露在光下会发出明亮的光，但在几小时或更短的时间内便看不到了。还有一些材料不会发出那么明亮的光，但持续时间更长。我有一块手表，14 天后表盘仍然清晰可辨。

将手表放在朝南的窗台上晒一整天可能会适得其反：在荧光材料饱和后，继续晒对其性能没有任何贡献，反而会使材料老化。

与其让手表在阳光下老化，不如在睡觉时用 LED 灯照射，可能会让它持续亮一晚。斜眼看向表的一侧可能会有用。视杆细胞集中于视网膜上离中心凹较远的区域，在弱光下比较活跃。

——来自英国北约克郡哈罗盖特的特伦斯·科林斯

发球时间

当高尔夫球手从球座上击球时，球座通常会卡在地面上，或者向前跃出几英尺。但有时，球座也会出现在玩家身后几米。这个奇怪的现象在力学上有什么解释？

——来自英国邓弗里斯郡莫弗特的彼得·鲍尔

这种情况偶尔会在使用球棒时出现。球座本身长约 9 厘米，通常由木头或塑料制成，顶部中空呈圆锥形，底部逐渐变细。球放置在球座顶部，底部 2~3 厘米垂直插入草皮。

当玩家正确击球时，球从球座顶部被扫走，球杆末端会擦过球座顶部几毫米。击球时，如果球座后倾放置，棒头将接近其弧线底部，但它的运行方向仍是略微向下的。

冲击力将球困在球座的锥顶，同时向球座施加向前和向下的作用力。高尔夫球手经常会夸草坪富有弹性。根据牛顿第三运动定律，球座放置在富含纤维的、潮湿的、有弹性的草坪上时，草皮将对球座产生方向相反、大小相等的推力，使球座向上和向后运动。

一旦球和球杆离开，这个反作用力就会占据主导。所以，如果草坪条件、球座的插入深度、冲击力的角度与方向都正好合适——即高尔夫球手所熟知的"古迪洛克带"①——瞧，球座向后跑了。

---

① 源于童话《金发姑娘和三只熊》。意为不多不少，恰到好处。

更多时候，球座会卡在地面上，向前倾斜，无法脱离草皮，或者向上旋转，离开地面，然后垂直掉落或掉落在稍微向前一点的位置。

据说只有完美的击球才能使球座向后飞，这点有许多例证，但也许我们应该将这归功于历史上最伟大的高尔夫球员"金熊"杰克·尼克劳斯。

——来自英国汉普郡朴次茅斯高尔夫中心的

美国职业高尔夫球手特里·希利

几年前，当我还是一个充满激情的高尔夫球手时，我想到了这个问题，做了一些实验。

我得出结论，这种变化的主要原因在于露出草坪的球座高度，或者说它插入地面的深度。大多数高尔夫球手击球时都会击中球座顶部。如果球座比较高，一旦离开地面，球座就会向前移动。当它在地面上插得很松时，会跟着球杆运动。

但是，如果球座低，它就可能往回撤。现在，球座的大部分会被插入地面，它在发球时获得的动力不足以使它被拽出，但仍然会将它向前推。这会扩大它的洞，削弱它的抓地力。球座通常由柔韧的塑料制成，可以向后反弹，球座松动时，它将朝这个方向跃出地面。这可能不适用于旧式的木制球座，后者可能会断裂。

球的运动则毫无规律可言。有一次，我在第一个球座上把球打歪了。它撞到我面前的一个混凝土标记上，从我头顶飞过，在俱乐部的屋顶弹起，最终落入第 18 号果岭。我还有两杆……

——来自法国圣梅曼的戴夫·比肯森

现在有多长

How Long is Now？

透过滤镜看水

作为一名摄影师，我一直在想，为什么水、叶子和玻璃反射的光会受到偏光滤镜的影响，金属表面反射的光却不会。

——乔·马丁内斯，通过电子邮件

金属中的自由电子与光波的相互作用方式是产生这种差异的根本原因。菲涅耳方程是理解这一点的关键，它根据不同材料的折射率，描述了它们对光的反射能力。这些计算取决于光在两个平面中的偏振：垂直于入射平面的 s 偏振和平行于入射平面的 p 偏振。

从方程得知，当入射角为所谓的布儒斯特角时，p 偏振光的量将降至最低。玻璃、透明塑料和水的折射率在 1.33 到 1.6 之间。这导致布儒斯特角在 50°~ 60° 之间，p 偏振光的反射率降为零。

所以，如果你的滤镜阻挡了 s 波，你将看不到任何反射光。对于金属来说，情况更复杂。金属的折射率是"复数"，具有实部和虚部。虚部的数值非常大，它描述了金属吸收光的强度。将其代入菲涅耳方程，布儒斯特角变大，达到约 85°。p 偏振光的反射率只降低了一点，可能会下降到 74％，因此滤镜不会产生强烈的对比。

当然，树叶是复杂的材料组合。它含有大量的水，没有自由电子，但会吸收太阳光。其折射率不容易计算，但介于水和金属之间。它具有较大的虚部，但比金属小得多。所以可想而知，滤镜对叶片的影响较弱。

——来自英国南安普敦的哈维·拉特

中间不长毛

上七年级的课程时，我们把盐水倒入蒸发皿，放在采光良好的窗户边上。最后，几个学生的蒸发皿底部出现了盐结晶，边缘覆盖着厚厚的盐层，但介于两者之间的区域却什么都没有。为什么会这样？

——来自英国柴郡克鲁圣托马斯摩尔学校的霍尔登先生和 7Y2

实际上蒸发皿底部和边缘中间沉积了薄薄一层盐。真正的问题是，为什么离液体更远的区域形成的晶体层更厚。这是毛细吸力和蒸发的综合结果。在液体边缘，表面张力使溶液贴着内壁微微上移。这层溶液很薄且表面积－体积比高，因此具有较高的蒸发速率，导致盐晶体在蒸发皿边缘附近沉淀。

这将进一步使溶液表面变得高底不平，毛细吸力继续向上吸收贴着皿壁的溶液。溶液向上移动得越远，蒸发得越快，析出的高浓度盐回到溶液的可能性就越小。因此，蒸发皿边缘处的溶液会以更快的速度饱和，沉积的过程也会加速。

最终，液体被吸到足够远的地方，以至蒸发的速率等于毛细管的最大流速，此时大部分盐结晶出来，形成你看到的那层厚厚的沉积物。我见过在蒸发速率非常低的情况下，沉积的盐一直堆积到了蒸发皿外，甚至工作台上。

——来自澳大利亚新南威尔士州卡拉汉的西蒙·伊弗森

有些蒸发皿有细微的孔洞，溶解的盐可以透过陶土转移。最高处的水分会优先蒸发，使盐沉淀在蒸发皿边缘。中段的溶液太稀，浓度太低，以至无法形成晶体。

作为一个陶匠，我在多孔的碗中回收陶土泥时，看到了这一现象：陶土中溶解的盐只会沉积在顶部。埃及人利用盐分的迁移来使陶罐自动上釉。盐分将转移到陶器外部，然后在煅烧时与陶土中的二氧化硅结合，形成釉料。

现在，陶匠将可溶的钠盐加到志野釉中以捕获碳元素，从而获得炭灰色斑点图案。钠跟随釉料中的水转移到陶罐的外部和顶部。钠化合物在烧制初期融化，如果窑膛中含有大量烟灰，且温度合适，烟灰将被纳入釉料，形成成品陶罐上的黑色区域。

——来自加拿大安大略省纽马基特的珍妮弗·阿辛克

肥皂泡

　　肥皂泡的物理学原理是一个引人入胜的课题。颜色最有可能是由泡沫内外表面反射的光线之间的薄膜干涉引起的。某些波长的光会产生建设性的干涉，形成亮丽的颜色，这取决于气泡壁的厚度。当气泡蒸发时，气泡壁的厚度会发生变化，颜色也会跟着变化。

　　由于肥皂水在重力作用下向下流动，气泡壁的厚度也会上下不均，故而会形成横向的颜色带。这种现象可以通过增加肥皂溶液浓度来克服，例如加入甘油。当气泡壁变得非常薄时——比可见光的波长更短——颜色将消失。这些区域是透明的，但由于它们通常被有色区域包围，因此可能看起来颜色很深。这些色斑出现几秒后，气泡就会爆裂。

你也可以向皂液中加入染料来制造颜色。然而，大多数水溶性染料将不起作用，因为气泡壁很薄，并且水都聚集在气泡底部。染料需要与用于制备溶液的肥皂结合。我们本地的一个溜冰场定期为幼儿举办"小家伙俱乐部"活动，他们经常为孩子们制作肥皂泡。冷空气和高湿度的环境可以使气泡的持续时间长达一分钟，展现出色彩斑斓的奇异景象。

——来自澳大利亚新南威尔士州曼利的比尔·坦戈

现在有多长
How Long is Now？

摇摇晃晃

许多人看过英格兰北部 M62 高速公路上的电线杆摇摆的视频。这些电线杆在大风天无规律地摇摆，新闻报道说涡旋是罪魁祸首。这是什么意思？

——来自英国西约克郡克莱克希顿的乔伊斯·奥黑尔

当气流经过诸如电线杆或烟囱等垂直障碍物时，障碍物的一侧将形成涡旋。然后这个涡旋挣脱，紧接着在另一侧形成方向相反的涡旋，这个过程有规律地交替出现。

涡流或涡旋的脱离会在障碍物的每一侧产生有规律的压力变化，如果这与障碍物固有的振荡频率一致，则引起共振，比如视频中的电线杆。如果晃动持续下去，使得振荡加强，障碍物可能会倒塌。在 20 世纪 60 年代初期，英国赫尔附近的塞尔坦德有一家蒸馏酒厂，那里有一个 30 米高的钢铁铸造的焚烧烟囱。当时风速仅为每小时 35 千米，尽管有拉索固定，烟囱仍剧烈晃动。

烟囱毁坏得很严重，所以公司把这个问题交给了国家物理实验室。他们的解决方案是在烟囱上加焊螺旋翅片——破风圈，这使得处于烟囱不同高度的涡旋在不同时间脱离烟囱，从而防止了自振的出现。现在，世界各地的金属烟囱上都可以看到这种螺旋设计。每次看到这样的烟囱，我就会回想起我工作过的那家酿酒厂的烟囱，那可是它们的前辈。

涡旋脱落也会导致悬索桥的纵索出现问题。在桥上安装螺旋翅片不切实际，但在缆索上特定的地方加装哑铃似的重物可以解决这个问题，这样可以控制其固有振动，从而降低缆索因疲劳而断裂的风险。

——来自英国东约克郡赫登的托尼·芬恩

日常生活中有很多涡旋，只不过我们很少注意到。风吹过松树发出的呼啸声，树叶摆动，旗帜飘扬，这些都是涡旋引起的。帆船船员可以在未系紧的飞舞的船帆中发现它们，在绳索的嗡嗡声中听到它们，晚上还会被绳索撞击桅杆的声音惊扰。当风吹过时，我们可以听到架在空中的电缆或电话线甚至铁丝网在"唱歌"。显然，在嘈杂的城市中很难听到这些，但在僻静的乡村小径上能听到。

有时，当溪水流过岩石或空气中有烟尘飘荡时，我们可以看见涡旋。流体所到之处几乎都可以形成涡旋，特别是在低黏滞性流体中，如空气和水。任何非流线型的物体都会在其下游或下风侧造成或大或小的涡流或涡旋。

你有没有想过，为什么直升机拖着的旗子不会像微风中旗杆上的旗子一样啪啪作响。当涡旋脱离时，系在旗杆上或直升机下方的旗子开始飘扬。大直径的杆会产生大的涡旋，最终可能会导致旗子破碎，任何看过破旧的旗子在大风中疯狂舞动的人都可以做证。而直升机下方系旗帜的细线产生的涡旋更小更快，只会让旗子荡起细细的波纹。

通常，涡旋在物体的左侧和右侧交替形成，同时流体的每个涡旋都会对涡旋的来源施加一个很小的力。它们交替出现的频率取决于物体的大小和流速。当涡旋同步或同相^①时，合力会越来越大，变得具有破坏性——不受控制的涡旋可能会造成严重的破坏。

涡旋也可以很有用，它在工业上被用于流体流量的简易测量。在一个管道内放置一个物体就能产生涡旋。压力传感器将涡旋检测为交流脉冲，且脉冲速率与流速成正比。

——来自澳大利亚西澳大利亚州斯特林的马丁·格林伍德

---

① 若两波的波峰（或波谷）同时抵达同一地点，则称两波在该点同相。

咖啡奶昔

当反射波与出射波以相同的相位返回到起点时，杯中将形成驻波。这些反射波又会叠加到下一个出射波上。在渡轮上，如果你拿起杯子，波纹就会消失。这看起来好像是你吸收了渡轮的振动，但是因为你身体里含有大量水，你只会吸收部分振动。实际上，振动在传入咖啡之前，已经被坚硬的杯壁反射回你的手中。

可以做这样一个实验：下次旅行时，把你的前臂放在正在振动的桌子上，然后端起咖啡。振动的图案将会消失。这时把同一只手的一根手指伸进咖啡，你可能会看到图案再次出现（最好等到咖啡冷却）。桌子的振动通过你的手指传递给了咖啡。

对于看到这个问题又不打算坐渡轮的人来说，我建议你看看我拍的关于煮熟的意大利面的声学特性的视频。

——杰里米·霍克斯，通过电子邮件

　　你不必为了看咖啡中的圆形波纹而登上去托伯莫里的渡轮。一个很棒的小实验就可以制造出这个效果。找到可变直流电源、玩具马达和一个能装在马达轴上的轮子，然后将一个小螺母粘在轮子上，使其晃动着旋转起来。

　　将马达贴在杯子的侧面，应该可以制造出问题中所描述的驻波图案。这种看似固定的波纹被称为毛细波，主要受到表面张力的影响。它们也被称为法拉第波，因为迈克尔·法拉第于 1831 年首次描述了它们。波的图案取决于振动的频率，所以渡轮上的咖啡波纹可以用来估算船的发动机转数。在更高的频率下，毛细波会形成更复杂的图案，这时可能会出现更棘手的案例。

——尼尔·A. 唐尼，通过电子邮件

沐浴在热气中

一天晚上，我洗了一个热水澡，为了不让热量浪费掉，我一直没有拔浴缸的塞子，直到水把热量全部释放到屋子里。但什么时候才是拔出塞子的最佳时机？我应该等到水与室内空气的温度相同时，还是应该将水留在浴缸里，然后在室外温度处于最低时拔出塞子？

——来自英国伯克郡雷丁的马特·拉特

水有两个作用。在冷却到环境温度之前，它会释放热量，同时它也是蓄热体。假设浴缸中的水的温度与你家周围环境的温度相当，而且热量只能以固定的速度离开房屋，满满一浴缸水将导致房屋以较慢的速度冷却，但房子内部的温度也需要更长时间才会升起来。

最有效的做法是，在室内温度降到最低时，将浴缸里所有的水排出——你可能需要一个温度计。此时排出浴缸里的水将降低热质量，随着室外温度再次升高，房屋内部会更快地暖和起来，因为热量不会被浪费在提高水温上。

——来自澳大利亚西澳大利亚州卡尔古利的尼尔·艾尔

完蛋了

大型强子对撞机中加速的粒子如果撞到人体会发生什么？如果若干粒子以彼此为目标在你身体内部碰撞，或与你身体内的粒子碰撞，会发生什么？

——来自英国利兹的米克·约翰逊

至少有一个不幸的家伙——阿纳托利·布戈尔斯基——曾被高能粒子束击中过。1978 年，他的头被粒子加速器（苏联 U-70 同步加速器）的质子束击中。他说他看到比一千个太阳还要亮的光一闪而过，但没有立刻感到疼痛。在接下来的几天里，他受伤的程度变得愈来愈明显——质子束贯穿他的脸部，导致他脸上一半的皮肤被烧伤，还带来了各种并发症。

令医生惊奇的是，他居然幸存了下来，尽管伴随着终生的症状。目前还不清楚事故发生时，光束是否以 70 千兆电子伏的最高能量运行。如果具有 6.5 万亿电子伏能量的"大型强子对撞机"（其能量大近 100 倍并且在撞击处还会加倍）也发生了同样的事故，后果将不堪设想。

20 世纪 80 年代中期，雷·考克斯成为臭名昭著的 Therac-25 放射治疗机在北美的受害者之一。由于硬件和软件设计上的漏洞，他被电子束击中，所受辐射的强度超出预期辐射量一百倍以上。用他自己的话来说，像是经历了"一场激烈的电击"，他痛得尖叫着逃离了治疗室。还有一些受害者，则是死于有缺陷的设备导致的辐射中毒。而这台机器的光束能量仅为 25 兆电子伏。

——来自英国伦敦的理查德·米勒

消散的波

声波会随着距离的增加逐渐衰减。然而，我们可以看到从数十亿光年外传来的光波。为什么入射光波没有在被我们看到之前就耗散？

——来自新西兰奥克兰的安东尼·特纳

答案在于，光在真空中传播时不会消耗能量，而声音不能在真空中传播，必须通过介质。

当声波或光波通过介质时，会被吸收掉一部分能量。即使在透明介质中传播，光波也会被吸收，损失能量的多少通常取决于光的波长。例如，在海洋中，可见光谱中的大部分红光在水下约 10 米内耗散，即使在非常清澈的水中，也几乎没有哪种波长的光可以到达水下 50 多米的地方。相比之下，在水中传播时，声音通常比光线衰减更少。当然，即使潜水员看不到船只，也可以听到发动机和螺旋桨的声音。

除非被阻挡物吸收，否则来自点源的声音或光线会向四面八方传播，其能量会沿着一个虚拟球体的表面扩散，这个球体随着时间越变越大。因此，声音（或光）会在远离点源时逐步耗散，其中部分原因是它的能量分布在了更大的表面上。当然，如果恒星和银河系没有辐射出如此多的光能，我们也无法看到远在数十亿光年外的它们。

——来自英国西米德兰兹郡萨顿科尔德菲尔德的迈克·福洛斯

寒风

进入地球大气层的物体受到空气的摩擦，极易产生巨大的热量，所以返回地球的航天器必须具有良好的绝热性，而陨石和小行星则会燃烧起来。我必须走多快才能感受到空气摩擦产生的热量？当我骑着自行车快速下坡时，我只感觉到越来越凉快。

——来自英国伦敦的本·科德尔

我怀疑，当你骑自行车下坡时，你感觉到的是从你身边经过的冷空气，或汇集在山谷里的冷空气：逆温现象。在我还是一个小男孩时，在安静的冬天早上，寒冷的空气经常让我喘不上气。

为了感受到空气摩擦产生的热量，你必须打破很多纪录，骑坏很多辆自行车。即使是速度为每小时900千米的长途客机，其表面温度也只比对流层上层空气高了约30℃——仍然远低于冰点。

在超声速下，飞机确实会变热很多。协和式客机常常烫到无法触摸：机头温度高于120℃，机尾高于80℃。事实上，发动机功率对飞机的最大航速的影响不如飞机的铝合金表面可承受的最高温度。这样的温度会使机身扭曲，但不会像美国洛克希德公司的马赫3高空战略侦察机"黑鸟"那般严重，它的机身表面可承受的最高温度超过了300℃，需要特殊的工程和建筑材料来应对飞机在飞行

现在有多长
How Long is Now？

过程中因温度升高而发生的膨胀。

由于缺乏可以承受其运行温度的密封胶，直到起飞后热起来之前，"黑鸟"一直在漏油。幸运的是，要感受到空气摩擦产生的热量，你需要达到一个骑行速度，在这个速度下，气流会让你皮肤脱落。

——来自南非西萨默塞特的约恩·里奇菲尔德

进入大气的物体温度升高跟直接的摩擦关系不大，主要因为其周围空气的快速压缩。空气中的分子相互摩擦（即碰撞）产生热量，并将其传递给从中穿过的物体。这与你给轮胎打气时打气筒发热的情况类似。然而，这种效果只在超声速下比较显著，在这种情况下受到压缩的空气无法逃离。

——来自英国埃塞克斯郡哈洛的彼得·梅比

黏脚的冰面

最近，我观看了冬季奥运会上的雪橇比赛，现场雾气蒙蒙。评论员说，雾气产生的额外水汽会"沾在滑道上"，从而减慢选手的速度。怎么会减慢？我认为空气中额外的水分会使滑道更滑，选手可以滑得更快。

——来自英国伦敦的阿雷梅尼斯·潘久

　　雪橇比赛成功的本质在于速度。先在水泥道上一层层铺设几毫米厚的冰，几天后达到约 5 厘米。水泥道配有管道系统，这样氨制冷剂能在其中流动，使冰面温度保持在零下 6℃左右。负责监控滑道的高手会在滑道及其周围安装传感器，实时掌握滑道的各方面情况，及时进行优化，以免影响滑行速度。

　　而大自然却很难掌控，湿度可能会造成麻烦。如果温度下降到露点，水汽会在空气中凝结，冰上会结霜。这层霜会成为雪橇的制动器。比赛前，滑道将被刮平，以确保滑道上没有拖缓雪橇速度的霜或凸起。

　　晚上在冰面上行走，你可能无法感受到霜冻的摩擦力，等第二天早晨冰面结霜后再走一次，你会发现，冰面的阻力大大提升了。

——来自英国爱丁堡波托贝洛高中科学部的戴维·缪尔

现在有多长
How Long is Now？

08

飞机、火车和汽车

碎石道床

铁路枕木经常铺在一层碎石床上,这些碎石被称为道砟。道砟铺开的范围明显超过了枕木的宽度,并且铺得相当厚。为什么道砟必须是石头呢?从物理学或经济学的角度看,可以使用其他材料吗?

——来自澳大利亚昆士兰州的彼得·布里格

道砟为铁路轨道提供了坚实的表面,并分散了地基承受的压力。要实现这一点,需确保道砟排水良好。铺得足够多的道砟可以分散压力。为了限制轨道横向移动,道砟沿着轨道两侧向外铺开。

道砟技术在应用于铁路之前,已用于普通道路修建,至今已经发展了数百年。人们很难再找出一种能够像石头那样经济实惠的材料。合适的硬石块会比较耐磨。碎石的不规则特性意味着它们可以形成互相咬合的坚实结构,而这是球形颗粒办不到的。当然了,石头之间的罅隙可迅速排去积水。

然而,道砟也存在问题。道砟需要品质合适的碎石,并且必须小心谨慎地铺设。即便如此,碎石的品质也会随着时间的推移而降低。人们必须添加更多的道砟,并将其轧实(或填满)。土壤、路过的火车留下的污染物,甚至道砟磨损后产生的石碴等,都会损害排水效果。

以前，人们必须使用新的材料替换旧的道砟，但是现在有专门的火车可以运走道砟，将其清理干净并铺回原处。然而，铺设道砟并不是实现轨道坚固、平稳的唯一途径。在轨道下铺设混凝土道床越来越普遍。利用现代化机械，人们可以快速、轻松地铺设轨道，而且这种轨道非常耐磨损。它比道砟轨道更昂贵，但它的特性使它更适应特殊情形。一个常见的例子是，在隧道中，为了确保空中的电气化线路正常工作，轨道高度必须更低。由于混凝土道床比道砟浅，因而不必往下挖掘隧道的地基，可以直接铺设。

——来自英国德比市的格林·威廉斯

格林·威廉斯谈到了道砟，却没有提到所使用的岩石的性质，这是个重要因素。理想的岩石应该兼具坚韧性和稳定性。矿物学家使用岩相显微镜检查有可能用作道砟的样品石剖面。他们在寻找矿物质暴露于空气、水以及压力等因素之下时会损坏的证据。

在澳大利亚的一些地区，理想的石块必须远程输送，地表能找到的大部分古老岩石都已经风化。这意味着，出于经济因素，使用的道砟材料通常不太理想。矿场很有用，因为被带出地面的矿山废料还没怎么风化。但是，这种材料可能会引发其他问题。

比如，从镍矿挖采的道砟导致金属轨枕严重退化，因为它含有大量的磁黄铁矿，这是一种非常不稳定的硫化铁。被氧化的磁黄铁矿会产生硫酸，从而迅速腐蚀金属轨枕。

混凝土道床也不是万无一失的解决方案。无处不在的"混凝土癌症"——水泥浆与岩石集料发生反应，导致混凝土开裂和剥落——直接导致岩石不再适用。

——来自澳大利亚西澳大利亚州马拉加汤恩德矿物实验室的罗杰·汤恩德

翘曲的小翼

许多飞机的翼尖会向上折起，以减少大气涡流。风力发电机叶片上却没有相同的结构——它们不会遇到同样的问题吗？

——来自百慕大哈密尔顿教区的安德鲁·R. 多布尔

飞机机翼上折起的翼尖被称为翼梢小翼，用来减少阻力，而非涡流。机翼由于上下表面的压强差产生升力，但是在翼尖附近，这两个压力场相遇，导致气流从高压区流向低压区。这种流动形成了翼尖涡流，它将气流拽向机翼尾部，形成下洗流。升力与下洗流方向垂直，因此，如果气流在机翼后缘产生一个下洗速度，则升力的一个分力会向后作用，与机翼的运动方向相反。这被称为诱导阻力。

可以通过改变机翼的形状使诱导阻力最小化，例如，第二次世界大战期间，喷火战机的机翼被设计成了优美的椭圆形。另一方面，翼梢小翼给上下表面之间的气流设置了一道物理屏障，以减少这种阻力，代价是摩擦力加大，重量增加。

机翼越长越薄，受到翼尖涡流的影响就越小。由于风力涡轮机的薄叶片非常长，所以在尖端添加小翼带来的结构弊端大于减小诱导阻力带来的好处。

——来自英国剑桥的丹尼尔·萨默贝尔

楼上在解释翼梢小翼（翼梢上折起的小翼面）的工作原理时对机翼产生升力的方式存在误解。他说升力是因机翼上下表面之间的压强差产生的。

机翼上下确实存在压力差，这完美地解答了小翼的问题，楼上的回答解释得很好。但是假设这种差异会产生升力就不对了。

牛顿力学可以更好、更简单地解释这一点：简而言之，尖端轻微上翘的机翼会使气流向下偏转。这种气流将产生大小相等、方向相反的升力。

——来自加拿大安大略省温索尔的私人飞行员保罗·哈格里夫斯

取消航班

11 月初，英国机场因大雾天气大面积取消航班。为什么雾会干扰飞机的起飞和降落？我敢肯定技术可以消灭这种干扰。

——来自英国北安普敦的艾伦·彭罗斯

在正常着陆期间，当飞行高度临近"决断高度"（通常高于跑道 200 英尺）时，飞行员开始手动驾驶飞机。当云底低于此高度，或大雾降低了地表能见度时，如今的飞机确实能够自动着陆。

然而，空中交通管制员无法用肉眼辨别前一架飞机是否已经腾空跑道，因此会加大飞机着陆的间隔。同样，为了避免对着陆系统的无线电信号造成干扰，管制员不允许即将起飞的飞机在跑道末端排队，因此离港率也会受到影响。

这减少了每小时可以起降的飞机数。客流量大的机场，其起降容量已接近跑道的最大容量，要让起降过程慢下来，唯一方法是延迟或取消其他航班。

因此，相对冷清的机场在可见度不佳的时候反倒不太可能出现航班延迟或取消的情况。在希思罗和盖特威克这种每条跑道平均每小时起降航班数比其他任何机场都要多的地方，大雾的影响

现在有多长
How Long is Now？

尤为严重。

——来自英国牛津郡卡特顿的史蒂夫·布罗德本特

1972 年，我第一次乘坐大型商用客机（一架 VC10）。作为滑翔机飞行员，我非常想了解客机飞行员如何在华盛顿特区附近的杜勒斯机场着陆。

那是一个晴天，我坐在窗边，看着飞机犹疑地缓缓降落，最终在跑道的最远端停了下来。奇怪，我心想。接着，飞行员宣布："女士们，先生们，这架飞机配备了可以在大雾天自动着陆的设备，所以我想尝试下。但失败了！"

——来自英国德比郡马特洛克的布赖恩·科登

脱轨

有一次下大暴雨，我正坐在行驶的车厢里，望着窗外的导电轨。我想知道湿陶瓷支架会造成多少电力损耗。降雨时，这是否足以使局部地区产生显著的电压降？

——来自英国布赖顿的杰夫·布莱思

我对电力供应系统有些了解，但暴雨中高压电力的传输原理与电气化铁路系统的原理相似。

与其说电力"损耗"，不如说是电流通过陶瓷支架或绝缘子时发生了泄漏。应当指出的是，与电视节目中表现的恰恰相反，雨水的导电能力很差。轨道绝缘子也被设计成了特殊的形状，以确保带电导体和土壤之间没有连续的潮湿表面。和火车启动时所需的电流相比，因这些因素泄漏的电流微乎其微。

——来自英国萨默塞特郡朗阿什顿的彼得·史密斯

磨损的轮胎

站在繁忙的高速公路旁，你可以听到大部分噪声来自汽车轮胎。有什么办法可以减少这种噪声，同时保留较为理想的轮胎性能，如抓地力？

——来自美国加利福尼亚州米尔瓦利斯的唐·朱伊特

过去二十年，欧盟对这个议题进行了大量研究。我在英国公路局研究交通噪声期间，一系列更安静的路面被研发出来。我对路面进行了长期的测试，监测其耐磨性和防滑性，以及它在标准路边测试中释放的噪声量。

轮胎与刻意粗糙化以提高防滑性的路面在相互作用时会产生一些问题。由于长路段使用混凝土路面既耐用又经济，混凝土在美国已经被广泛使用，但它很难兼具平滑的滚动面和良好的防滑性。

美国已经对一些旧的混凝土路面进行了改造：使用金刚石锯切割路面上的纵向槽，以利于排水。结果，轮胎的噪声降低，可能比经过横向刷洗（提供防滑力）的英国混凝土高速公路上的噪声要低。然而，混凝土的切割和重新打磨是一个缓慢而昂贵的过程。

——来自英国蒙茅斯郡兰加比的彼得·金西

噪声来自轮胎与路面的相互作用。因此，路面的特征会对噪声产生很大影响。在我的祖国荷兰，许多高速公路表面涂有 ZOAB，这是荷兰语中"开放的沥青混凝土"的首字母缩写。高孔隙率的路面可以使声音向下、向上以及向外扩散，从而大幅降低噪声。无论是在车内还是车外，噪声抑制效果都很显著。

　　这种路面还有一个优势：在湿润条件下能减少喷溅现象。与一般路面产生的摩擦力相比，这种路面产生的摩擦力较小，尤其是 ZOAB 刚铺上时，但仍在可接受的范围。这就是为什么你会在新修整过的高速公路上看到"新路面，请增加制动距离"的标志。另一个不利之处在于，冬季 ZOAB 路面对盐的需求会增加，因为它的每个潮湿的角落和缝隙都是冰的完美藏匿之处。这些路面也更容易裂开，比起沥青路面，需要填铺的频率更高。

——来自英国彭布罗克郡哈弗福德韦斯特的简·梅伦迪克

感受压力

最近，我们坐飞机的时候发现一包未开封的薯条膨胀起来，这是因为机舱内的气压随海拔升高而下降。同时，我的家人觉得肚子发胀。难道他们的肠道也产生了类似的效果？

——来自英国爱丁堡的邓肯·格思里

当飞机升到一万米高，也就是现代客机的巡航高度时，机舱内的气压大约是正常海平面气压的三分之二。由于气压差的存在，任何充气的弹性容器内的填充物都会膨胀。重感冒或鼻塞的人都会受到影响，当飞机上升或下降时，人脑袋里的气体膨胀，会引发剧烈的疼痛。至于肠道，其中大部分气体位于大肠中，如果气体扩散，它只有一条出路。有些人会发现放屁是喷气式飞机旅途中令人意想不到的乐趣。也许知道了这些以后，读者再也不能冷静地看待同行的旅伴了。当然，这无疑是虚伪的。

——来自英国爱丁堡的菲利普·韦尔斯比

盲飞

> 大型现代喷气式客机需要为飞行员安装窗户吗？从理论上讲，飞行员是否不必用肉眼观察窗外就能把一架波音747飞机从伦敦开往悉尼？
>
> ——来自英国伦敦的彼得·马斯顿

根据目前民用飞机的设计和认证规定，答案是肯定的——安装前视窗很有必要。所有的起飞过程都是飞行员通过肉眼观察和手动操作完成的。飞行员从前视窗向外观察跑道，确保飞机直线行驶，这么做最重要的目的是检测和纠正由发动机故障引起的侧向摆动。一般来说，这一操作要求水平方向的可视距离不低于125米，当飞机以每小时260公里的速度行驶时，这一距离并不算远。

飞机的着陆方式各不相同。只要辅以适当的地面指导，大多数现代飞机都能自动着陆。自动着陆的最小可视距离通常为75米。这个距离不是飞行员的可视距离，而是与地面车辆的安全距离。在低能见度下自动降落时，飞行员的跑道视程没有最低要求。

飞行员在起落之间的飞行过程中不需要外部视野，机外情况可以（有时也确实如此）通过仪器判断。然而，要探测并避免雷暴天气以及与之相伴的大气湍流、冰雹和闪电等气象现象，最好是通过雷达和视觉扫描两者配合来完成。合成视觉系统因为正好符合这些要求，已经越来越普及，将来飞机的所有外部视图都会显示在屏幕上，不再安装窗户。但请不要遮蔽飞行员的视野，我们在高空才能有幸看到超出人类想象力的美景。我可以花几个小时鸟瞰这个世界，画面十分壮丽。

——来自英国沃里克郡皇家利明顿矿泉市的空中客车 320 的机长

史蒂夫·穆迪

简而言之，飞行员不需要窗户来驾驶飞机。但是飞机安装窗户并不是为了驾驶。虽然爬升、巡航、下降，有时也包括着陆，都可以凭借复杂的陆空监测设备来完成，但起飞（尤其是飞机尚未离开跑道时）和滑行都需要目测，大多数着陆也需要人眼观测来辅助完成。

所谓的盲降——其前方可视距离可以低至 75 米——需要特殊的地面设备来辅助完成。其中还涉及重要的操作程序，以确保地面车辆不会干扰到着陆系统发出的无线电信号。所有这一切极大地限制了飞机在地面上的运行速度，所以只在必要时才这么做。这就解释了为什么在大雾天，像伦敦希思罗机场这样的大型机场会限制航班量，甚至取消航班。

此外，虽然所有现代商用飞机都拥有内置的"盲降"功能，但许多机场没有这样的能力，如前所述，有这种能力的机场也只在必要时才使用。然而，正如题主所暗示的，飞机一旦远离地面，便不再需要前视窗。天气雷达可以探测到暴风雨，并指导飞机绕过它。在高空飞行时，通常不会有厚厚的云层遮挡住高山，飞机不会迎面撞上突然出现的山峰。

我从来没有驾驶过协和式超声速客机，不过我相信，一旦下降的机头（一种在着陆过程中允许飞行员获得前置视野的工程部件）升到巡航位置，会有一块挡板升起来挡住前窗。这改善了空气动力学特性，却遮挡了视野。然而，即使在这个高科技时代，依靠人的视觉来飞行仍有必要，况且无法欣赏地球上某些最美的景色是一件多么令人遗憾的事。

——君主航空的机长马丁·鲍威尔，来自英国肯特郡滨海的韦斯特盖特

大型客机确实需要窗户，自动驾驶仪不具备这样的功能：使飞机从其支架滑行到跑道上，然后起飞。引导飞机起飞是一项对视力有严格要求的任务，飞行员最初需要一直盯着跑道中心线。原则上，会有实现自动化起飞的那天，但是除了要对飞机的自动化系统提供指导外，人们还需处理更多突发情况。例如，起飞过程中可能会遇到需要避开的鸟群或迷航的轻型飞机。的确，正如全美航空公司1549号航班在哈得孙河上迫降那样，我想我们距离开发出如此灵活的自动应急系统还有很长的路要走。

起飞后不久，飞行员通常会切换为自动驾驶模式，原则上一切都会很顺利（实际上常常不会），所以飞行员可以在没有目视参考的情况下飞大部分航线。然而，今天大多数航班都不严格按照计划的路线飞行。在飞行过程中，空中交通管制员可以要求变更航线，飞行员也可以根据外部视野所见，如其他飞机、火山灰云等，来更改航线。

重要的是要了解，飞机的飞行环境并不总是可控的，因此，为避免与其他飞机发生碰撞，有时需要依靠飞行员的视觉判断。在飞行过程中，控制参数超出限制时，飞机系统可能发生故障。这种情

况下，飞行员需要接管控制职能，而这可能需要外部视野的辅助。

最近，新闻一直在报道极端太空天气事件（如大规模太阳耀斑）的影响，这可能会对跨地区的航空产业，如配电、雷达、电信、全球定位系统、计算机、飞行控制系统和健康效应等产生一些影响。地面基础设施的电子导航和通讯的电力供应也许会受到更大的影响。在这种情况下，如果飞行员可以手动操纵，知晓时间、飞机位置，拥有一张机场分布地图，通晓老式的导航技术，还有一扇窗户可以向外观察，情况就还在控制中。

——英国航空公司飞行员协会的飞行安全负责人罗布·亨特，通过网页

旋转的风扇

最近，在伦敦地铁站，我看到一个戴着工作人员徽章的男子拿着一个像是旋转的小风扇的东西。我意识到，这个小风扇是由列车进入隧道时带起的风驱动的。他显然是在测风速。他为什么这么做？

——来自英国伦敦的贾斯廷·戴维斯

这个旋转的风扇是一个风速仪，那人正在测量火车通过时空气流动的速度。这对保持隧道空气清新起着很重要的作用，尽管隧道里还安装了其他的通风设备。我从已故的叔叔那里继承了一款相同的仪器。他生前是一位矿井安全主管，他用这套仪器来测量煤矿的通风情况。奇怪的是，它不是直接测量风速，而是测量"风的长度"。该装置标有英尺刻度，用来计算一分钟内通过的空气柱的长度。一旦风扇开始加速旋转，顶部的杆会扣住离合器，测量便开始了。

——来自英国东约克郡赫尔的托尼·芬恩

有轨还是无轨？

爱丁堡去年终于开通了有轨电车系统，但超出了预算，并且落后于预定工期。大部分问题是由必须在路面上铺设轨道引起的。爱丁堡以及英国其他城市为什么没有无轨电车（由架空接触网供电的电动公共汽车）而只有有轨电车？

——来自英国邓弗里斯–加洛韦区道格拉斯堡的吉姆·洛根

我曾经在预算内交付一条市内有轨电车轨道，根据经验，我可以列出无轨电车不是首选的几个原因。无轨电车与有轨电车的载客量相同，但是需要更多的空间。无轨电车司机难以应付轨道交通的精确度，需要更多的空间作为安全缓冲区。无轨电车的导航系统确实存在，但它们对空间的利用率不如有轨电车高。这样的导航系统也会导致其他车辆无法使用公交专用道，从而引起交通拥堵。

这两种系统分别适用于不同的情况。例如，有轨电车可能是在有限的空间内运输大量乘客的正确解决方案。出于预算考虑，几乎不会每年都新建有轨电车或无轨电车，因此在确定关键性的成本问题时，没有多少经验可以借鉴。确定一个系统的成本需要详细的调查，本身就非常昂贵，且可能造成干扰。有时，调查和建设需要齐头并进，并接受成本的不确定性。但显然，这是出于政治考虑，而非工程学原理。

——来自英国康沃尔郡戈兰特的 J.H.M. 罗素

"看见" 天线杆

> 高耸的天线杆和塔架都有警示灯，飞行员因此可以看到它们。但是，自动驾驶系统如何知道那里有根又高又细的天线杆？我觉得自动驾驶仪"看"不到这些灯。
>
> ——来自英国诺丁汉郡的佩里·贝宾顿

简言之，自动驾驶仪无法看到高高的天线杆。那么为什么飞机很少撞到它们呢？原因在于有两种类型的飞行协议：目视飞行规则（VFR）和仪表飞行规则（IFR）。

在目视飞行规则中，飞行员有责任查看和规避障碍物，但这种飞行规则只有在可见度良好的条件下才适用。然而商业航空公司的飞机必须应对所有气象条件，在这种情况下，飞行员总是在仪表飞行规则下飞行。他们给所有使用 IFR 的飞机预留了一条航线：这些航线上不存在如高高的天线杆和山峰等障碍物。自动驾驶仪仅用于保证飞机沿其航线安全飞行。地面上的管制员通过无线电通信提醒飞行员，使在 IFR 下飞行的飞机保持距离，一次只允许一架飞机出现在某段航线。这套系统的运行非常顺畅。

法律规定，不允许在仪表飞行规则（IFR）下的航线内建新的塔架。如果必须建在航线内，只能在航线调整以后建造。因此，在 IFR 下避开塔架，其实是将飞机的航线控制在许可空域内。如果飞行员命令自动驾驶仪在安全空域以外指导飞行，飞机就有可能撞上塔架，甚至是山峰。

当流氓飞机忽视规则，入侵预留航线所在的空域时，会进一步引发问题。在这种情况下，只能指望地面上的管制员能在雷达上监测到这一行为，通知 IFR 飞行员立即改变航线，避免相撞。

——来自美国科罗拉多州倪渥特的丛林飞行员埃德·高斯

吹风

户外拍摄结束后，我发现，虽然在拍摄时我没有注意到有风，但是录音回放时有非常明显的风噪声。为什么风声在回放时会放大？

——来自英国谢菲尔德的汉娜·爱德华兹

风噪声的频谱明显向低频段倾斜。相比之下，我们的耳朵对低八度的声音很不敏感。因此，在日常生活中，我们不会觉得风噪声非常大。作为麦克风风挡的设计师，我知道麦克风的——尤其是现代麦克风的——频率响应几乎是均衡的，即使是在低频段。如果没有合适的风挡，风噪声的低频部分可以轻易地使麦克风和其他音频设备过载，即使它们听起来不是很大声。

过载频率太低，以至于我们无法听到，这导致录音中出现短暂的空白，在此期间放大器会抑制所有进入的声音。结果便出现了一小段一小段的静音效果或呜咽声。这比狂风呼啸的气流声更具侵扰性，也就是题主提到的"风噪声"。

——来自英国康沃尔郡的克里斯·伍尔夫

闲暇时，我担任一群业余视频制作者的音响工程师。我们发现，拍摄外景时，清除风噪声是一个难题。你听到的声音性质取决于你耳朵的形状，以及你相对于风的方向。摄像机上安装的麦克风结构不同于人耳，这会导致回放时你听到的声音和你的耳朵选择接收的声音不同。此外，大脑习惯了处理背景噪声，会将其控制在几乎不被察觉的程度。

当你的大脑处理录音中的声音时，风噪声突然变得很明显。音响工程师会在户外用的麦克风上裹一层毛茸茸的"防风罩"。有时，这些麦克风也被称为"杜格尔"，因为它们酷似儿童电视节目《神奇的旋转木马》中的长毛狗杜格尔。它们具有降低空气速度的作用，同时允许携带声音信息的不同压力渗入。外景拍摄时，音响工程师会始终戴着耳机监听录音，因此，他们会比其他人更容易发现杂音，如风噪声和过往车辆的隆隆声。

——来自英国东约克郡贝弗利的克里斯·芬恩

空气打鼓

> 如果在开车时打开车窗，车内的每个人都可以听到像直升机发出的那种巨大声响。如果打开后窗，并且以更高的速度行驶时，声音会更大。这种现象是由什么引起的？
>
> ——来自英国赫里福德郡的奥斯卡·霍尔罗伊德

打开的天窗或车窗实际上发生了所谓的亥姆霍兹共振现象。最常见的例子是你对着空瓶瓶口吹气时会听到的声音。

汽车内部压力产生的共振与窗子开口的横截面、空气流速及汽车内部容积有关。这些压力上的变化会表现为类似击鼓的声音。想象一下，汽车内外的空气被一层不可见的薄膜隔开。如果用力将某物压向薄膜然后松开，薄膜会上下振荡，振幅会逐渐变小，就像橡皮筋一样。

但是，如果在薄膜正要向下振动时，对它施加一个向下的力，会发生什么呢？这时会产生涡流。它们会发生共振，并通过按压和增加汽车内部压力来最大化振幅，就像假想的薄膜在向下运动一样。这与人们推小孩荡秋千的方式类似。当秋千再次开始向下运动时，你用力一推，秋千将获得最大的推力。开口的横截面越大，容积越小，共振频率越高，反之亦然。所以，对半空的瓶子吹气所产生的振动频率应该比吹完全空的瓶子更高。

——来自英国西米德兰兹郡萨顿科尔德菲尔德的迈克·福洛斯

现在有多长
How Long is Now？

浅浅的胎面

英国法律规定，汽车轮胎胎面的厚度至少得有 1.6 毫米。我的新轮胎胎面厚度约 9 毫米。在什么情况下，胎面越厚，对地面的抓力越小？为什么？

——来自英国南约克郡巴恩斯利的杰克·肖

新车的最大轮胎胎面厚度取决于你行驶的路面以及车子的悬架。自行车轮胎就是一个很好的例子——厚厚的多节点轮胎在泥土和松软的地面上抓地力很强，但在碎石柏油路上就显得笨重而且噪声很大。厚胎面意味着它无法对路上较小的石头做出快速的反弹，所以它的抓地力很差。

现代用于比赛的自行车的轮胎都很轻薄。胎面层质量小，方便它随小道起伏，同时拥有良好的抓地力。因为轮胎的内部压力很大，它可以驶过水面，即使光头胎在潮湿的地面也能保持良好的抓地力。在路面状况良好的情况下，你可以惬意地以超过每小时 40 英里的速度骑行。但当路面泥泞时，旋转的轮胎的抓地力为零。

——来自英国牛津的西蒙·戴尔斯

在天气干燥时，轮胎无须沟槽来提高抓地力。这一点可以在赛车比赛中得到证明，比赛规定轮胎必须是"光滑"的，除非是下雨天，这时轮胎才需要增加凹槽，以便于排水，否则水会使轮胎打滑，降低抓地力。雨下得越大，需要的凹槽越多越深。

新轮胎上的凹槽可以应对所有的天气变化，除了暴雨天气。但是，随着轮胎的磨损，沟槽变浅，它们的排水能力下降，直到它们连小雨天气都无法应对——这是法律规定轮胎厚度的临界点（再加上一些安全误差）。

凹槽越深，轮胎的抓地力越小，这是因为只有较少的橡胶会接触路面，并且凹槽之间的橡胶会侧移。所以，在干燥的路面上，任何凹槽都会使轮胎的抓地力减弱。但是，除非一下雨你就能进维修站换胎，不然在路上时你最好还是使用带槽的轮胎，这纯粹是为了确保你在各种天气下都敢开车。

——来自英国兰开夏郡哈弗布雷克斯的约翰·戴维斯

颠倒的无人机

为什么军用无人机与军用飞机看起来如此不同？例如，军用无人机的尾翼朝下。

——来自英国伍斯特的马丁·麦卡恩

亚伯拉罕·卡雷姆设计了早期的"信天翁"无人机，后来的"捕食者"无人机就是在此基础上发展而来的。后者可能就是电视新闻报道中我们最熟悉的那种无人机。卡雷姆指出，无人机设计师无须考虑飞行员的适应性或生命补给的问题，这是一个显著的优势。

为了追求耐久性，卡雷姆为他的无人机设计了长翼，以最大限度地提高升力和稳定性，其次才考虑高速敏捷。他选择了螺旋桨驱动式发动机，因为它比喷气式发动机更省油，而且通常更容易维护。他将推进器安置在无人机的尾部，以尽量减少对安装在机头中的传感器的干扰。"捕食者"特有的分叉向下的尾翼可以在起飞和着陆时保护螺旋桨。如果飞行员试图以过陡的角度进来，外尾则相当于一对起落橇，可以防止螺旋桨撞击地面。机头呈球茎状，用来调节远程操纵无人机时所需的卫星通信设备。

"捕食者"并非用作武装设备，而是监视系统。此外还有很多其他设计风格的无人机。并不是所有的无人机都使用螺旋桨推进，有些无人机的设计获益于现代隐形技术。还有一些研究人员正在开发遥控飞行的作战无人机。这些可能看起来更像是有人机，因为它们的敏捷度远远不够。

——来自英国贝里克郡艾茅斯的托马斯·伍兹

现在有多长
How Long is Now？

无人机

为什么采用活塞式发动机的轻型飞机会产生如此大的噪声，即使它们在很远的地方，我们也听得到？它们非常扰人，尤其是在像达特穆尔国家公园这样僻静的环境里。它们是否可以像道路上的车辆那样配备消声器？如果没有，是为什么？

——来自英国德文郡牛顿阿伯特的邓肯·哈钦森

一般来说，设计师在设计小型飞机时不会考虑降噪的问题，而是将设计重点放在轻便、简单、装载量和性能上。研究表明，发动机和螺旋桨贡献了大部分噪声。在越南战争期间，飞机消声被证实在军事侦察中非常有效——洛克希德 YO-3 飞到海拔 300 米的空中时，地上的人几乎听不见。然而，给发动机降噪，特别是在排气和进气部位，就重量和性能而言，费用高昂，因为这些飞机的"呼吸"状况与内燃机的效率紧密相关。

而给螺旋桨降噪要比给发动机降噪还要难，因为需要考虑桨叶的宽度、长度、形状、转速、材质（木材、金属，还是合成材料）及数量等相关因素。这些都会影响飞机的成本、重量、性能及安全性。可想而知，在竞争激烈的小型飞机制造业中，成本和现有的设计才是优先考虑的因素，而非降噪或精细程度。

然而，随着位于人口中心区域的机场和轻型飞机数量的增加，人们对降噪的需求也在增加，因此新的设计可能会加入静音发动机以及便宜且高效的弯曲桨叶等。

——来自南非西萨默塞特的约恩·里奇菲尔德

我推测，小型飞机产生如此大噪音的原因有很多。第一，驾驶小型飞机只是一种业余爱好，所以成本是首先考虑的因素。因此，小型飞机必须变得很轻。小型飞机越重，机翼和发动机就越大，在其他方面相同的情况下，运行成本就越高。

第二，添加大多数小型飞机没有的消声器会产生不必要的成本，同时增加复杂程度和重量。此外，它们降低了发动机功率，由于小型飞机使用的是小型发动机，所以任何降低其功率的部件都是不受欢迎的。

最后一点，小型飞机往往飞行速度慢，相对靠近地面和云层下方。这意味着在地面上的人听来，它发出的噪声要比飞得更高的飞机的噪声大得多。

——来自英国东萨塞克斯郡刘易斯的马内克·迪巴什

现在有多长
How Long is Now？

令人困惑的圆环

今年 6 月 22 日，我在彭布罗克郡北部的天空发现了一片薄薄的圆形云彩，只有其中一点厚些。周围有飞机尾迹，但都呈直线状。这是什么呢？

——鲍勃·霍姆斯，通过电子邮件

这无疑是飞机的凝结尾迹。云较厚的那点是飞机以近乎垂直的角度上升（或下降）时将尾迹集中在一点形成的。在形成这个圆环之前，飞机先是水平飞行，然后突然转弯。一回到节点，它便通过骤降（或猛然上升）来结束这个圆环。在那个凸起的点上，可以非常明显地看到垂直和水平绕行之间的过渡。

我的一个老朋友是双座战机的领航员。他告诉我，飞行条件理想的某天，他通过一系列复杂的操作引领飞行员在空中画出了男性身体解剖图。英格兰南部一大片地区的人都可以看到（但不一定会赞赏）他的空中涂鸦。

——来自英国马尔岛托伯莫里的杰克·哈里森

09

技术

毛球

为什么有些羊毛衫或针织衫会起球，而有些不会？怎样才能提前知道羊毛服装是否容易起球？

——加比·西蒙，通过电子邮件

起球是短纤维在织物表面逐渐累积造成的。受到外物摩擦的织物，每根纤维表面的鳞片都会钩住其他纤维上的鳞片，并慢慢结成球。造成起球的因素有以下几个：

首先是羊毛的性质。一些品种的绵羊，如英国南丘羊，其羊毛纤维较短，长度通常为 4~6 厘米，而长羊毛如温斯利代尔则可达 30 厘米。短纤维比长纤维更易游移到织物表面。而且有些羊毛摸起来更柔软；雷兰羊毛的长度大多为 5~6 厘米，手感不太好，而长度相似的美利奴羊毛则手感很好。

第二个因素是羊毛梳理和纺织的方式。手工纺纱工人通常将短纤维羊毛梳成卷筒状，然后以"粗纺"的方式纺织。纤维随机排列，形成的纱线质轻且蓬松，导致纤维更容易滑到纱线的表面。长纤维羊毛通常需要梳理，以清走短纤维，然后以"精纺"的方式纺织，使长纤维平行排列并保持顺直，因此难以从纱线中滑出而导致起球。

纱线的捻度也会影响其起球程度；捻度越大，纤维越牢固，从而无法向外移动。许多便宜的针织纱线，几乎没有捻度，而用于纺织的纱线（通常由长羊毛纺织成）通常具有较大的捻度。

最后一点，纱线纺成织物的方式也会影响起球程度。结构紧密的织物可以将纤维牢牢固定住，不易起球，松散的织物中的纤维则容易跑出来。题主提到了羊毛织物，我就描述了羊毛的特点。其他纤维，例如羊驼毛，或合成纤维，如丙烯酸，不叫羊毛，不过原理一样。要弄清羊毛服装是否容易起球，可以检查织物的密度，以及纱线捻度系数——越松散，起球的可能性就越大。

——来自英国坎布里亚郡的手工纺丝者朱迪思·爱德华兹

重金属

当全新的 MP3 播放器存上音乐文件，它的重量会增加吗？

——来自英国伦敦的葆拉·马克斯韦尔

存储在 MP3 播放器中的音乐表现为由 1 和 0 组成的特定序列。向设备传输音乐文件时，这些数据被保存在播放器的内存中。在大多数 MP3 播放器中，存储器是由晶体管阵列组成的固态芯片。当电流通过阵列时，若晶体管中存在电子则编码 1，若缺少电子则编码 0。

我们可能会认为全新的固态存储设备的初始值为 0，任何有意义的数据编码将增加电子数。这样一来，由于电子有质量，存储了音乐文件的播放器重量就会超过崭新的播放器。事实上，新的内存设备初始值通常为 1，所以很容易认为播放器在添加歌曲之前更重。

但是由于电流来自播放器的电池，与播放器其余部分形成一个封闭系统。整体而言，电子没有增益或损失，重量也保持不变。这只是简单的电子再分配过程。

即使个人 MP3 播放器是开放系统，一堆播放器的总质量也不会增加，因为一些音乐文件含 0 较多，而其他文件则含 1 较多，所以它们的总质量应该是稳定的。

但是，当用户将播放器带在身上时，接触过程中留下的汗水或油腻的沉积物，以及黏附在这些沉积物上的灰尘和碎屑，会导致播放器质量显著增加。或者，粗暴地对待播放器会使其表面掉漆或出现小裂纹，这种脱落的碎屑会使播放器变轻。

所以，不管播放器里面存储的是重金属风格的音乐还是轻柔的赞美诗，都不会影响其重量，但是你白天如何对待它肯定会影响它晚上的质量。

——来自英国利兹的莱恩·威诺克

我同意楼上关于 MP3 播放器重量的结论，但是他的回答具有误导性。他暗示数据位的存储是通过增加或移除存储单元中的电子来实现，并且这些电子由电池提供。事实上，数据位的存储是通过将电子从存储单元的一个部分转移到另一个部分来实现，因此在存储芯片中没有电子的净增益或损失。芯片包含的电子总数不变，因此重量不变，无论是全 0，全 1，还是装满数据。

同样，当电池的一个极提供电子时，另一个则消耗电子。当电池没电时，其电荷含量与充满电时正好一样多。没有电子设备会积聚电子；流进设备的电子总与流出的保持平衡。

——来自英国怀特岛赖德镇的道格·芬娜

咄咄逼人的高音

为什么麦克风和扬声器之间的反馈会产生尖锐的噪声，而不是低沉的声音？

——来自加拿大安大略省阿尔蒙特的托尼·夏普

声音可以看成是由不同频率的正弦波复合而成。巴克豪森稳定性准则表明，任何完美符合系统"距离"（从麦克风到扬声器再回到麦克风）并沿途放大的频率将会持续下去且会被进一步放大。

这个距离难以确定，因为它取决于电子设备的延迟、房间的声学特性、麦克风的位置以及仪器和扬声器的共振频率等因素。然而，由于波长较短，较高频率的波更有可能进入反馈回路。许多短波完美适应一定距离的可能性比长波更高。因此，尽管你会发现跳动的低频反馈，但高频反馈更常见。由于现场的演讲者永远不会真正安静下来，麦克风朝扬声器移动将导致反馈，你可以听到混合频率的嗡嗡声。当你移动麦克风时，你正在改变距离并扫过可能产生反馈的频率范围，从而产生尖锐的噪声。

——来自美国加利福尼亚州圣迭戈的罗恩·迪波尔德

作为一名音乐家，我一直是频谱范围内各个频率反馈的受害者。高频之所以更容易引起共振有两个主要原因。首先，大多数麦克风和扬声器被设计得对较低频率的人声和吉他声不够敏感。

第二，较低频率的波需要更多的空间才能达到"同相"并使其波形前后流动。在较小的场地上，麦克风和扬声器之间的距离不足以满足这种条件。一旦舞台足够大，贝斯的频率共振现象将更常见（而乐队其他成员则会抱怨）。

——来自德国柏林的康纳·菲茨杰拉德

斜体

我在坐火车去上班的路上看到一个点阵标志，其中"途经站"是罗马字体，下面的站名则是斜体。但是，如果你拍下这个标志，照片上所有的字都将显示为罗马字体。如果拍摄的时机恰当，你会看到这些斜体字是由标志上的点组成的，这些点随巧妙的开关时机亮灭，从而欺骗了我们的眼睛。所有的点都是垂直和水平排列。那这种斜体的效果是如何呈现的？更有趣的是，为什么要这么做？

——来自英国北安普敦郡伊斯顿小镇的克雷格·麦凯

题主描述的斜体效果不是有意为之，它是点阵显示器通过一种叫作多路复用的技术呈现的意外效果。该显示器中的 LED 数量庞大（很可能是以千万计），如果单独使用电子驱动器来控制每个 LED，费用将会很昂贵。相反，LED 灯是以列和行为单位来控制的。只有当其所在的行与列的驱动器同时充能时，一个 LED 才能被点亮，这有点像游戏《海战棋》。虽然显示器的亮度看起来很稳定，但实际上它在高速闪烁，每次只有一排灯亮起。

不过，这种技术在显示移动的文本时会出现问题。为了避免文字失真——在这种情况下，显示器必须在字母变换位置之前让所有行都亮起来，也许是其中的 25 行灯。通过这种方法，文本看起来移动得很缓慢。如果文字加速移动，在字母的位置发生改变之前，显示器只有点亮几行（甚至只有一行）的时间。当下一行闪烁时，文本已经向左或向右移动了一点，于是导致字体明显倾斜。

另一种方法是显示屏一次刷新一列 LED，但这会导致更加严重的失真。字符不再是可以被接受的斜体字，而是被压扁或抻开，变得不再清晰。列车座位上方的预留座位显示屏就存在这个问题，文字的移动慢得令人发指。这可能有多方面的原因，但其中一个原因可能是显示器采用了整列驱动而非整行，这意味着它根本无法应对快速移动的文本。

——来自英国西约克郡利兹的戴维·吉布森

起风了

出于非常必要的理由，我们的供电设备提供的电流不是单一、稳定的，其方向会来回变化。这种电流称为交流电，简写为 AC。风力涡轮机产生的电必须与它保持相同的步调，因此所有涡轮机都以相同的速度旋转。当风力更强时，涡轮机内部自动调整，使转子更难转动，于是每转一圈就产生更多的电力。

这就好像你试图以匀速踩自行车的情况。当你驶离公寓，开始上坡时，要保持相同的速度变得更加困难了。

——来自英国白金汉郡大米森登的蒂姆·史蒂文森

传统的风力涡轮机起初被设计出来旨在使叶片以恒定的速度旋转，因为这是动能转换为用于国家电网的电能的最优方式。若转得太慢，涡轮机无法捕获足够的风能；转得太快，叶片和其他部件会受到额外的应力。如果任其自由旋转，随着风力的增加，涡轮机会越转越快，就像我们在海边买的塑料风车一样。

通过让涡轮机自由旋转，然后对其进行"制动"，以获取尽可能多的能量，我们可以将风能转化为电能。但是，与汽车或自行车在转动的车轮上做文章的机械制动器不同，我们使用的是电"制动器"。这种制动器不会让能量以热量的形式浪费掉，而是会将其转换成电能。我们不想让涡轮机完全停止转动，但是希望不管风多大，它都能以恒定的速度转动。

如果想以稳定的速度在平缓的山坡上骑自行车，我们可以轻握刹车，到达坡底时我们会感到刹车变得微热。如果山坡变陡峭了，而我们仍要保持相同的速度，则需更加用力地捏紧刹车，它会变得更热，因为它将更多能量转化为热量了（不要用手去摸刹车来验证这一点）。

同样，当我们想让涡轮机在微风中以每分钟 39 转的速度转动时，我们只需要施加轻微的电力制动，然后获得微弱的能量。在强风中，我们可以真正充分利用"制动器"，以获得更多能量，尽管叶片仍以相同的速度旋转着。

——来自英国诺森伯兰郡赫克瑟姆的史蒂夫·阿加

胆小的猫

用来吓唬猫这类动物的超声波装置是如何工作的？是通过模仿一种高频的声音，还是通过响度来吓唬它们？又或许只是这种声音惹怒了动物，就像它让我感到不适一样？

——来自英国威尔特郡索尔兹伯里的刘易斯·奥肖内西

问题中提到的超声波驱猫器听起来很像在澳大利亚售卖的用来驱逐老鼠、蜘蛛和爬虫的设备。我发现，这些设备很管用。推销员说，这些设备会发出一种使害虫不适但对其无害的声音。他还建议购买者花上十天等它们离开屋子。我们办公室安装了几个之后，第四天，所有的蜘蛛都从厕所隔间里爬了出来。

偶尔到访的蜘蛛待了不到一天就爬走了。新鲜的老鼠粪也看不见了。几年后，一间工作室里传出一阵无法辨认的令人不适的尖锐声响。它随机发出，每隔几分钟便发出长达十秒的尖叫。我本打算在那里工作，但四十分钟后就落荒而逃。四天后，我根本无法进入房间。我已经对那声音产生条件反射了，一听到就感到不适。我们最终在书柜后面发现了出故障的驱虫装置。要想驱赶"人类"这种害虫，声音频率应在 4000～6000 赫兹之间。

——来自澳大利亚维多利亚州圣基尔达的彼得·托内

这些设备最多可以产生一定的威慑作用。猫的天性以及任何能够刺激它远离花园的因素都能成功防止它进入花园。郊区花园的一次试验表明，这些小玩意可以将猫闯入花园的频率降低五分之一，逗留的时间缩短三分之一。综合效果是猫的到访率减半。

　　另外一次试验是在实验室里进行的。猫被带到设备有效范围以外的试验区，每隔 1 米放置一些食物。在能听到设备发出的频率的区域内，猫进食的积极性较差，但是逗留的时间更久。猫对此唯一明显的不适迹象是耳朵抽搐次数增加。

　　还有旨在阻止青少年闲逛的类似的高频设备，其应用前提是成年人受到的影响较小，因为他们可能已经失去了捕获高频声音的能力。另有一些设备会播放古典音乐或制作者认为不太可能吸引青少年的音乐类型。有一个都市神话称"布朗音符"可以用来驱散人群。原理是，人暴露在 5~10 赫兹频率的声音下，会失去对肠道的控制，这一频率范围无法被人听到，但可以在人体内引起共鸣。

　　这个神话似乎源于美国太空计划中的一项研究。有人担心宇航员在航天器发射时会遭受巨大的压力，因此追踪了他们在感受到驾驶座的机械振动时产生的生理反应。由于振动可以通过座椅传到宇航员的身体，他们的肠道和身体其他部位都产生了严重的不适感。相比之下，空气传播低频振动如声音的能力较差。

　　在牛仔电影中，演员可能会将耳朵贴在铁轨上，通过轨道的振动"听"到驶来的火车。事实上，好莱坞得为它的过度"诗意"负责，因为振动无法被听到，只能被感觉到。无论铁路是否通电，都不要亲自尝试。

——来自英国西米德兰兹郡萨顿科尔德菲尔德的迈克·福洛斯

云量

万维网储有多少数据？

——来自英国谢菲尔德的科林·辛格尔顿

无论某一刻这个数据量有多少，下一刻它都只会变得更多。一个合理的估计是，1 尧字节或 1 万亿太字节。然而，这是 2014 年的数据，由于网络呈指数级增长，所以我们可以合理假设，它现在已经翻倍甚至更多。

我们还应该考虑到所谓的深网，包含主流搜索引擎无法搜索到的内容，其中包括许多用于旅行预订服务的大型数据库、在线购物的商品数据、未在公共领域公开的社交媒体网络等。数据表明，80% 的网络处于黑暗地带，如果这是真的，2014 年有 5 尧字节数据的网络，现在可能拥有两倍甚至更多的数据。

同样重要的是，我们还应该算上许多网站未显示的存储数据。托管网站在不同类型媒体的多个位置拥有几乎每一个数据的多个冗余副本。我们应该将其视为网络的一部分吗？类似地，网络上的许多的信息都是重复的。几年前，我搜索了一个笑话清单，发现了一堆相似版本，相互之间只有微小差别，这是因为每个修订版本都被放在新的网页上。谁能猜得出那些热门内容共有多少副本？可以肯定的是数据一定很大。

——来自澳大利亚塔斯马尼亚岛吉夫斯顿的戴维·莫顿

电台听众

> 汽车无线电需要外部天线来屏蔽车辆本身的干扰信号。然而，汽车的遥控钥匙也是利用无线电原理，即使我在钢车库门附近拿着它，而车在门的另一边，也依然有效。它的工作原理是什么？
>
> ——来自爱尔兰都柏林的阿德里安·萨默菲尔德

除了最有能量的电磁辐射，金属对任何辐射都是不透明的。所以大部分的车辆都相当于一个法拉第笼，辐射都分布在车子外表面上。然而，有一些电磁波可以穿透车窗——最显著的就是可见光。

欧洲制造的汽车遥控系统的发射频率为 433.92 兆赫。这相当于约 0.7 米的光波，这意味着来自遥控钥匙的信号可以透过窗户到达车内的无线电收发器。有些波长太长，无法穿透窗户，对于这些信号来说，汽车相当于一个坚实的金属盒子。FM 无线电信号可以短至 3 米，而 AM 信号的范围从 100 米到半公里不等。这就是为什么汽车要安装外部天线。理想情况下，它们的长度应是信号波长的四分之一，但这对于许多波长来说显然不切实际。

——来自英国西米德兰兹郡萨顿科尔德菲尔德的迈克·福洛斯

耳内调音

助听器接收空气中的声音信号，同时也可以切换为从电磁感应回路中接收信号。为什么它们没有被设计成直接接收电视和无线电的信号？

——来自英国西约克郡黑丁利的阿德里安·史密斯

助听器不直接接收电视或无线电信号主要是因为尺寸。电视天线需要很大才能捕获信号，而这不适用于助听器。即使信号强烈，但助听器使用的氧化锌电池很小，容量有限，限制了其执行必要任务的能力。

但是，业界正在努力解决这些问题。助听器技术公司正在与蓝牙标准小组合作，通过低能耗蓝牙来传输并接收声频信号。你的助听器不会直接接收电视或无线电信号；相反，声频信号将通过无线的方式从你的电视或手机传输到你的助听器上。该技术正在成形中，有望取代目前应用于公共场合的电磁线圈感应回路，提供更高质量的立体声效果。

——来自英国伦敦的尼克·胡恩

棉质衣服

为什么我们更喜欢穿棉质衣服—— 一种吸水性很强的材质，而不是合成纤维？这是因为合成材料不具备某些特征吗？

——来自法国昂热的让·埃斯诺

我们喜欢棉质衣服，因为它舒适、柔软，易于清洁。棉布很舒适，因为它具有很高的回潮率，一般在 7% ~7.5% 之间。回潮率是指处于极度干燥状态的纤维在有着标准温度和湿度的环境中会吸收的水分的重量占比。这意味着棉花可以吸收我们身上的水分，给我们凉爽的感觉。

聚酯纤维是一种合成纤维，是当下许多织物的原材料，只有0.4% 的回潮率，因此会让人感到又热又黏，或又冷又黏，在湿度相当高的时候尤其如此。棉花手感柔软，因为棉纤维具有带状横截面，被施加压力时容易弯曲。大多数合成纤维具有圆形的横截面，由于其弹性低，更容易变硬。在过去二十年中，人们已经开发出制造细纤维的方法，因此现在许多合成材料摸起来也非常柔软。

棉织物也更容易清洁。当我们的衣服变脏时，大多数人用肥皂和水就可以清洗干净。棉质材料耐碱，因此肥皂不会损伤纤维。此外，在潮湿的环境中，棉花更有韧性，因此棉质服装可以抵抗洗衣机搅动产生的损害。最重要的是棉布很容易洗干净。聚酯纤维和烯烃纤维容易吸收我们身体分泌的油脂以及其他难以清洗的油性污渍。棉花不容易沾染我们身上的油脂，因此容易保持清洁的状态。

——来自美国宾夕法尼亚州普利茅斯米廷的 J. 罗伯特·瓦格纳

　　说了那么多合成纤维的缺点，我觉得我应该提一些它们的好处。与尼龙和聚酯等合成材料相比，棉的耐磨性较差，在洗涤时也更容易收缩。尽管人们在解决这些问题上有所进展，但大部分商店仍在销售容易缩水的棉制产品。

　　棉花的吸水性是优点，但也是缺点，因为烘干需要更多的能量。在夏季这可能不是一个问题，因为衣服可以在外面晒干。但在冬天，提供额外的能量就变得很重要了。制造合成纱线显然是一种能源密集型产业。然而，在一件棉布衣服的使用寿命内，制造衣服耗费的能量可能还低于烘干它所需的额外能量。显然，在设计衣服时，应考虑这种额外的隐形能耗。不幸的是，制造商经常忽视这些，他们往往会做出最容易的选择，这会对气候产生长期的影响。

　　我认为，将传统纤维和新型纤维混合可以生产出质量更好的衣服，同时减少能源消耗。

——来自英国兰开夏郡莱瑟姆的布赖恩·贝内特

爆炸的威力

> 昨天晚上，我和妻子被两声很大的爆裂声吵醒了。原来是我从火灾报警器中拆下来的 9 伏电池爆炸了。是什么使耗尽电量的电池爆炸？为什么会响两声呢？
>
> ——来自英国伍斯特郡马尔文的戴维·克罗斯

这是一个真正意义上的"电池"，由 6 个 1.5 伏电池组件串联而成。有些电池是由平叠的电池组件构成，另一些则是由圆柱形电池组件按 3×2 排列组合而成。因为电池的端子处于同一侧，一旦它们与金属物体接触，可以轻易地形成闭合回路——比如存储在金属盒中。电池有内部电阻，电流通过时会发热。这使得电解质中的水蒸发，导致其内部压力增加……然后，砰！

第一声爆裂声是电池组件发射电子收集针造成的，如同手枪发射子弹一样。第二声则可能是相邻电池组件的外壳出了故障，导致其从电池中弹出。即使是部分耗尽的电池也可以提供足够的电流来加热金属触点、内部组件以及电池端子可能触及的任何金属——甚至可能起火。当一个 9 伏电池与裤袋中的硬币接触，形成短路，将导致敏感部位受到严重伤害。

——来自英国爱丁堡波托贝洛高中科学部的戴维·缪尔

干燥的窘境

用哪种方法弄干手使用的能量更少：电动烘干机还是干木浆制成的纸巾？

——来自澳大利亚维多利亚州的伊恩·卡特

这取决于能量成本的计算方法。拿纸擦拭比在几百瓦的热风下耐心地摩擦手指消耗的能量更少。然而，生产和回收纸张的能源消耗比较难计算。必须先种植树木，然后砍伐、运输、切碎、制浆、压片、干燥、裁切成可销售的大小，最后包装。使用后，回收厂必须重新制浆，重复以上大部分过程，只有在理想情况下，回收的成本比生产新纸的成本低。

那么，生产烘干机和最终回收它需要消耗多少能量呢？烘干机必须抵得上多少张纸，才能起到保护环境的作用？也许最好的方法是带上你自己的手巾或直接在裤腿上擦干。缝在衣服上的毛巾可能会成为一种环保时尚，足以与胸前口袋里的手帕相媲美。

——来自南非西萨默塞特的约恩·里奇菲尔德

巡回法规

在停电期间，电流是否会从手机电池向充电器或电源插座回流？

——来自菲律宾圣路易斯的罗克

电源电流是交流电，这意味着电流方向在一秒内会反转多次。这种电流更便于发电，对大多数发电机和变压器的正常运行来说是必要的。整流器是所有充电器的核心元件。它阻止了其中一个方向的电流。除了阻止电源电流反向流动，它还可以防止电池向电源放电。现代手机装有管理电池的硬件和软件，以防止电池过度充电或充电过快。如果电池开始放电或整流器出现故障，软件会将其关闭。

——来自英国莱斯特郡科尔维尔的菲利普·贝尔本

浪涌保护器

你可能经常听到，流行的电视节目插播广告期间，额外的电站将被启用，因为这时人人都要起身泡杯茶，因而会产生额外的电力消耗。这是真的吗？如果是这样，英国的电力使用与其他类似国家相比更加多变吗？

——来自英国格温特郡纽波特的西蒙·斯卡尔

随着电力需求上升，电力公司确实需要启动额外的发电机。这些公司希望能够为广告时间、咖啡时间和晚餐时间蓄电，但目前还没有有效的方法存储交流电，由于电站产生的交流电需转换为直流电才能存储。

电力需求由中央控制站实时监控。成熟的预测软件积累了多年的有价值数据，有助于保证监控系统尽可能高效地运行。即使这样，不寻常的天气也会影响人们对发电站的管控。例如，天气寒冷的时候需要开暖气。风很弱时，风力发电机将无法工作，需启用更多发电站。

与英国类似的国家都面临同样的问题，1986 年，英国和法国在两国之间建立了一条 2000 兆瓦的高压线路。这使得两国在用电高峰期能够共享电力。由于法国的需求峰值与英国的几乎不会同时到来——除了六国橄榄球赛期间，这样就无须再建更多发电站。

现在，英国与荷兰以及爱尔兰共和国也建立了类似的电力线路。

——来自英国登比郡兰戈伦的保罗·凯迪

在你身后

> 许多年前，我在听广播时，听到一种哔哔声，这个声音似乎总是来自我身后。播音员说，这个声音具有这种属性，确实是这样，即使我转过身去。这是一种普通的哔哔声，而且收音机只有一个扬声器。这对当时的我来说完全是一个谜，至今仍是，有人可以解释吗？
>
> ——来自英国伦敦的马丁·哈维

许多人认为外耳的形状仅仅有助于收集声音并将其引入耳道。但耳朵的形状也能细微改变声音的质量，以便我们辨识声源。

当声音从你身后传来时，它以特殊的角度进入耳道，因而会通过外耳的特定部位。我们无法察觉外耳改变声音的方式，但我们的听觉皮层可以检测到它。结合每只耳朵接收到的音量信息，我们可以判断声音发出的方位。

为了创造出似乎是持续从你身后发出的声音，他们使用了一种被称为仿真头录音的技术。这种技术是将麦克风放置在有仿真外耳的假人头的耳道内。声音在到达麦克风之前会发生改变，这意味着声音相对于头部的空间位置会保留在录音中。播放时，无论你的收音机位于何处，你都可以听到似乎是来自背后的声音。

——来自英国康沃尔郡特鲁罗的托比·贝特森

海洋居民

有没有人想过在海上建立城市？现有的技术肯定可以帮助我们实现这个想法，而且不必摧毁更多的耕地，甚至可以使我们从海平面的上升中受益。

——来自英国诺福克郡阿什威肯的彼得·霍尔

至少从20世纪60年代初开始，建立海上城市的想法就已存在。巴克敏斯特·富勒设计了一个面向东京湾漂浮着的四面体城市。直到现在它才有可能实现。

贝宝联合创始人彼得·蒂尔是海上家园研究所的赞助人之一，该研究所计划在2020年之前斥资1.7亿美元建造一座模块化的浮动城市。还有法国建筑师雅克·鲁热里设计的长900米、可容纳7000人的蝠鲼形浮动城市。另一个概念是文森特·卡勒博的睡莲叶形城市，可以容纳5万人。

缺乏建造这些城市所需的资金是这些计划的主要障碍。在筹到这笔资金之前，我们只能满足于另一种"流动城市"——巨大的邮轮。

——来自新西兰惠灵顿的彼得·哈索尔

不再合适的宇航服

> 我了解到，尼尔·阿姆斯特朗登陆月球时穿的宇航服正在朽坏。显然，制作这套宇航服的材料只适合短期使用。为什么会这样？这是什么材料？如何保存宇航服？另一名阿波罗号宇航员戴维·斯科特的宇航服正在华盛顿特区的史密森国家航空航天博物馆展出，这套宇航服看起来完好无损。这两套宇航服是由不同的材料制成的吗？
>
> ——来自美国华盛顿特区的艾伦·布鲁尔

人类进入太空时必须穿宇航服。即使是莱卡（第一只绕地飞行的狗）也得穿上定制的宇航服。它的宇航服复制品陈列在博物馆，真品却无法展出。

所有使用过的美国宇航服，包括原件、备用服和那些染上月球尘埃的宇航服，都由史密森学会保管。它们多数放在贮藏库，部分用于展览。所有的宇航服都在朽坏——那些用于展览的朽坏得更快，其中一部分朽坏的速度更是快得惊人。

我的专业是维护博物馆环境，使其适合物品的存放和展示。因此，我很荣幸可以维护史密森学会收藏的许多手工艺品和宇航服。这意味着我回答得出以上问题，至少某些问题。

宇航服由最实用的特殊材料制作而成。在宇航服的设计制作阶段，制作者需要对强度、重量、不透性、弹性和其他变量进行评估和平衡。如果它可以让穿戴者避开太空中的危险，方便运动，而且穿着舒适，它便完成了自己的使命。便于长期保存这点不太可能引起关注：制作宇航服是为了应对太空的严酷环境，而不是为了在博物馆长期展览。

宇航服通常由黏合或熔合在一起的多层塑料布和屏障组成。它的其余部分是金属、塑料、电线、绝缘体、导管、锚、胶、垫片、润滑剂、涂料和油墨的组合。这些材料不仅会自动降解，而且随着时间的推移，它们可能会以令人意想不到的方式发生相互作用。热量和湿度的变化以及空气中的污染物和光都会加速其老化。较差的存储条件对其造成的影响在数年内可能不会很明显。

在不展出的时候，史密森博物馆中的宇航服会被存放在阴凉干燥的暗室中。展出时，工作人员须尽力保护它们免受光、灰尘和不适环境的影响。为此，在华盛顿特区的国家航空航天博物馆举办的新一期"飞行里程碑"展览引入了适用于存放包括宇航服在内的任何敏感物品的正压微气候环境控制系统。微气候发生器会为这些密闭的玻璃展柜提供恒定纯净的湿润空气。然而这依旧不能阻挡其朽坏的脚步，只会减慢这一进程而已。

——来自加拿大多伦多安全维护微气候系统的杰里·夏纳

就是字母 q

我在手机上使用的是智能输入法。当我输入字母 q 时，我得到的提示词都是以 qu 开头的。当我接着输入字母 u 时，又得到不同的提示词。这是为什么？我知道这个问题微不足道，但我仍然很想知道答案。

——来自澳大利亚维多利亚州切尔滕纳姆的安德鲁·巴尼特

当你输入字母 q 时，手机会显示一些提示词。如果这些词中有你想要输入的词，手机会希望你从列表中选择该词，而不是继续输入。所以，当你接着按下字母 u 时，手机默认之前的列表中没有出现你正想输入的词，所以它又给出了一些不同的词。

——来自英国珀斯郡邓布兰的卡特利奥娜·奎因

10
CHAPTER

这到底是什么

鸡蛋的壳外壳

昨天我在购物时，发现一颗鸡蛋的表面有一些小块沉积物。它们看起来像多长出的一层壳或聚积的钙，但如果是这样，它们是怎么形成的？如果它们是多长出的一层壳，为什么是奇怪的小块沉积物，而不是均匀地分布在蛋壳上以增加蛋壳的整体厚度呢？

——来自英国汉普郡朴次茅斯的查伦·廷伯莱克

这些沉积物确实由钙组成，当卵被卵壳腺裹住时，卵的外围会形成一层硬壳。钙的沉积有很多原因，其中最普遍的解释是卵被卵壳腺裹住的时间过长。这通常是由应力造成的，光照、栖息环境或饮食的变化，以及捕食者或外来物种的出现都会诱发应力。

缺水也会产生应力并导致卵壳沉积不均匀，这是因为沉积物无法被适当稀释。形成不规则卵壳的另一个原因可能是疾病感染，例如支气管炎或脑脊髓炎。显然，这些疾病可以改变鸡的新陈代谢和生物活性，包括卵的形成。

——来自英国威尔特郡索尔兹伯里的刘易斯·奥肖内西

这是一个很好的问题。当卵在母鸡的生殖道中形成后，它大部分时间都在子宫内。鸡的子宫内有卵壳腺，卵壳腺会在发育中的卵的外膜周围释放碳酸钙。然而在子宫内,卵会发生旋转,并且碳酸钙并不总是以统一的方式释放或沉积。所以你在鸡蛋外壳上看到的小凸起是卵壳腺分泌的多余的碳酸钙。随着母鸡年龄的增长,它们的卵壳腺也可能无法正常工作,所以有时你会发现问题中描述的那些稍显异常的现象。这可能是由年龄、细胞脱落或病毒感染等因素引起的。如果把鸡蛋拿到明亮的灯光下,你可以看到正常鸡蛋的蛋壳上碳酸钙的分布也不均匀。这种不平整是空气同以不均匀的方式裹上的蛋壳共同作用的结果。

——来自美国加利福尼亚大学戴维斯动物医学学院的

莫里斯·皮特斯基和罗德里戈·加拉尔多

泡沫

我在冬天去了西威尔士的陶因。海滩和海滨步行大道上都覆盖着从海里吹来的大量泡沫。狂风卷起巨浪，海面上漂浮着许多泡沫。第二天，情况类似，但泡沫没有了。是什么带来了泡沫，又是什么让它们在一夜之间都消失了？

——来自英国邓弗里斯－加洛韦区的吉姆·洛根

当海浪冲击海岸时，海水会发生搅动，从而形成泡沫。当海水中含有可溶解的有机物时，例如当藻类分解时，就更可能产生这种现象。这些化合物如同发泡剂或表面活性剂那样捕获空气，并在水被搅动时产生较为持久的气泡。

类似地，海风也会带来顶上带泡沫的浪。如果海浪以海平面平均风速前进，那么被白浪覆盖的海洋面积应该在 2%～3% 之间——这大概等于美国国土的面积。

据气候科学家介绍，全球变暖会导致飓风频繁，这会增加白色泡沫的覆盖面。白色表面会将更多太阳光反射回太空，所以这可能会抑制全球变暖。事实上，当风速从每秒 7 米增加到每秒 9 米时，泡沫覆盖海面的比例会变成原来的三倍。

——来自英国西米德兰兹郡萨顿科尔德菲尔德的迈克·福洛斯

小沙球

沙滩上软软的小沙球是怎么形成的？在奥克兰以北约 100 公里的海滩上，我看到小沙球散布的范围长达七百米。

——来自新西兰奥克兰的戴维·戈德科恩

它们可能是一种叫海蚯蚓的沙虫的杰作。那些看起来像微型电缆线圈的小沙球通常高 1~3 厘米。在退潮时，大片的沙滩会被这些沙球覆盖。海蚯蚓是各种鱼类和螃蟹的绝佳诱饵。这些沙球对渔民们来说是非常有用的指示标，这说明海蚯蚓就潜伏在沙下 10~30 厘米处。

我小时候曾住在英国南海岸的怀特岛，那时我经常陪父亲去赖德的码头挖海蚯蚓，那里是寻找海蚯蚓的绝佳地点。在某些潮汐条件下，当潮水不断地朝浅水区缓慢涌动时，海蚯蚓筑的盘绕的沙丘可能会从海床上脱落。在退潮时，它们不会简单地瓦解，而是留下小沙球或沙珠。在有少量油污的沙子上，例如海滩被海岸线附近冲上来的污染物覆盖时，这种现象尤其明显。

——来自英国西约克郡索厄比布里奇的安东尼·威尔金斯

"头号嫌疑犯"是沙泡蟹，这一名称涵盖了股窗蟹属和毛带蟹属中的所有动物。这些螃蟹过滤完沙子中可食用的微生物后，会将它们团成半厘米左右的球，然后丢弃掉。我本以为这些沙球会更密集地分布在螃蟹的洞穴周围，但题主的照片显示沙球的分布相当均匀。此外，螃蟹广泛分布于印度洋 – 太平洋海域，新西兰可能超出了这一范围。

——来自英国西米德兰兹郡萨顿科尔德菲尔德的迈克·福洛斯

畸形的蛋壳

在我的杂货店，我发现某个鸡蛋的壳上有类似静脉或动脉的脊状图案，脊之间的表面密集地分布着微小的丘疹状的突起。鸡蛋较窄一端的畸变更加明显。这怎么解释？这样的鸡蛋还能吃吗？或者还好吃吗？我反正不太敢吃。

——来自英国南安普敦的布赖恩·邦尼

卵膨胀的过程被打断最有可能引发畸变。当卵黄从母鸡的卵巢中被释放出来时，鸡蛋开始形成。然后由漏斗状的输卵管纳入，向下通过生殖道，获得蛋白层。壳膜形成后，膨胀过程开始，液体流过壳膜，使蛋白膨胀，填充壳膜内部。一旦填充满，壳膜就会硬化。如果这一过程发生的时机出现问题，壳膜可能会在整个过程结束之前就硬化。在这种情况下，你就会看到一个变形的鸡蛋。令人惊讶的是，这样奇怪的鸡蛋居然会流入消费市场，因为通常在分级时它们就会被拒收。

——来自澳大利亚南澳大利亚州克拉伦斯公园的基姆·克里奇利

神秘的痕迹

我每天早上都会在祖母家暖房的垫子上看到一条类似蜗牛爬过留下的痕迹。屋里没有蜗牛存在的明显迹象，而且夜间门会上锁。是否有别的昆虫或动物会留下这种痕迹？

——来自爱尔兰都柏林的沙恩·达菲（十二岁）

这种类似蜗牛留下的痕迹的物质确实是由长得很像蜗牛的动物留下的，它看起来像是没壳的蜗牛——蛞蝓。自从最近参加了威尔士国家博物馆开设的课程，我开始欣赏蛞蝓生命的微妙之处。这只蛞蝓很可能就住在你祖母家的碗柜下或踢脚板下，可能是黏在某人的鞋子上被带进去的。在亮光下，它会迅速躲进暗处，因此通常只在晚上出现。

如果周围有一盘狗粮或猫粮，这些蛞蝓会很高兴。蛞蝓留下黏液的行为是一种很好的防御手段，因为包括人类在内的大部分动物都不喜欢触碰这些黏液，因此就不会去打扰这些小家伙了。然而，这同时也是一个弱点，因为它暴露了蛞蝓的行踪。英国有许多不同种类的蛞蝓，或许 2014 年出版的《不列颠和爱尔兰的蛞蝓》一书可以帮助你识别蛞蝓，看看它们究竟是花园害虫还是可以在堆肥时派上用场的益虫。我自己留了一册，等我孙子下次来时，我和他可以一起寻找蛞蝓，看看我的花园或房子里到底有多少种。

——来自英国安格尔西岛特雷弗的吉莉恩·科茨

果冻球

9 月初，我在明尼阿波利斯的密西西比河的沙滩上发现了一个奇怪的东西。它很紧实，质地与海蜇类似，但它似乎是沿着中心的一根芦苇形成的。有人知道这是什么吗？

——来自美国明尼苏达州明尼阿波利斯的安德鲁·科布里克

这听起来像苔藓虫，是苔藓虫门——一般被称为"苔藓动物"——的一员。这种胶状物实际上是数十种动物或游动细胞的集群。它有个通俗的名字，叫果冻球。

大多数集群都是细长的，它们将自己调整成最好的形状，以黏附在物体上。自由浮游的集群往往是球形的。它们存在于静止或缓慢流动的水域，所以它一定是从密西西比河的一条支流或河边的池塘里漂过来的。我曾经遇到过像足球那么大的一团。有时，它们甚至有一米多长，像一条巨大的变形虫。

——来自美国纽约州诺威奇市的唐纳德·A. 温莎

奇怪的小球

最近，我在家附近的三个地方都看到了一些奇怪的东西——两次是在乡村道路旁，还有一次是在马厩的马粪堆附近。它们是直径为 2~4 厘米的坚硬小球，表面呈赤褐色，里面近乎黑色。这三个地方的小球分别有几百个，摞起来约一米高。制作它们的目的是什么？为什么又丢弃它们？还是说，它们是天然形成的？那又是怎么来的？

——来自英国柴郡达斯伯里的约翰·塞克尔

这些是膨胀的黏土颗粒或集料。为了使生产出表面呈赤陶土色的球状颗粒，天然黏土需在回转窑中高温煅烧。在窑中燃烧有机材料可形成黑色多孔的芯。

集料的用途很多，包括用作建筑材料，如块板和混凝土。它能应用于此，是因为黏土颗粒很轻，是优质的隔音和隔热材料，并且它耐腐蚀，能防化学降解。它也经常被用于建筑中承载量必须最小化的地方，例如隧道上方的基板，黏土颗粒还能使其变得稳固，同时具有良好的排水效率。

另外，粘土颗粒较大的表面积有助于吸收污染物，故可用于水处理。你看到的那些小球很可能曾被用作栽培介质，之后被丢弃了。黏土可以吸收和保留水分，还能排出植物根部附近多余的水分。这能保证空气在介质中循环，并且多孔颗粒能使氧气的吸收最大化。它们通常用在恒定或常规的供水系统中，例如滴灌或潮汐水流系统。这些颗粒不仅可以使水的 pH 值保持中性，还能提供强大的阳离子交换能力，来保留和供应添加到水中的植物营养物质。

　　它们薄薄地堆积在路边，因此很可能曾被用作大麻的栽培介质，用完后被倾倒在郊外，以免被人怀疑。

——来自英国布赖顿的帕特里克·梅利亚

我们自己的疑问

《新科学家》收件箱为读者搜罗了无穷无尽的问题，他们对世界的好奇心极强，而我们的也不遑多让。下面收集的二十三个问题是我们自己的疑问。有些是关于时事的，有些不知道是从哪儿冒出来的，还有些我们被问过很多次，我们必须找出答案，一劳永逸。于是便有了这些问题。希望你们会喜欢。如果你觉得我们的回答有遗漏，请把你的答案寄给我们——你的答案可能会入选《最后的话》哦。

游离的思想

大多数人会为自己容易走神感到内疚。加州大学圣巴巴拉分校的乔纳森·斯库勒说："我们有大量证据表明，大多数人认为他们走神的时长高于平均水平。"学者们试图在实验室评估走神的"正常"水平，例如，让人们阅读列夫·托尔斯泰的《战争与和平》的片段，其间随机打断他们，询问他们思维的专注度。这些研究表明，不论我们在做什么，其中 15%~50% 的时间思维都处于游离状态。

这种情况可能看起来很低效，但事实也许并非如此。"就你目前正在做的事情而言，效率确实很低，"斯库勒说。"但是，就你正在思考的事情而言，这可能很高效。你可能正在阅读一本书，但同时脑子里却在盘算着要举办一场聚会，这影响了你阅读的效率，但你在筹划聚会这件事上取得了进展。"有充分的证据表明，漫游的思想是一种进化而来的特质，有助于我们思考和计划未来——这也培养了一种人类独有的创造力。

即便如此，情况是不是有点过头了呢？人们常常忧虑，随着技术的发展，我们更加容易分心，专注力将逐渐减弱。微软最近发表的一份报告声称，加拿大人平均的注意力持续时间从 2000 年的 12 秒下降到 2013 年的 8 秒，比金鱼还少了一秒。

加拿大安大略省伦敦市西部大学的 J. 布鲁斯·莫顿对此持怀疑态度。一方面，没有衡量注意力的标准方法，他说，人们想听到的是，你可以集中注意力多长时间？孩子们集中注意力的时间应该有多长？但这些通常不是研究这个问题的科学家使用的概念。

测量对一个任务保持专注的能力，又称为选择性注意——这可能是最接近的概念——涉及毫秒量级的注意力转移，比如要求人们说出屏幕上弹出的形状颜色，但忽略同时弹出的其他颜色。这种实验表明个体之间的选择性注意力存在很大差异。孩子难以集中注意力，这也许是因为发育中的大脑尚未学会控制处理感官信息的区域。到了二十岁时，这种能力会得到改善，到中年达到峰值，之后再次衰退。

但是，莫顿说，没有什么证据表明技术使我们难以集中注意力。相反，它的设计如此巧妙、直观，正好利用了我们天生的同时思考几件事情的能力。

如果你还是担心，你可以尝试一下这些事。斯库勒说，不要喝酒——酒精会使我们思维飘荡而不自知。"喝酒的时候，你的思维会变得涣散，注意力难以集中。"促进思维控制的技术可以提供帮助，比如冥想。"练习正念的人走神的情况得到显著改善。"斯库勒说。

——凯瑟琳·德·兰格

搁浅的鲸鱼

为什么鲸鱼会搁浅，接下来会发生什么？

　　搁浅比你想象的更常见：仅在英国，每年就有近 600 头鲸类被冲到海滩上。大多是海豚和鼠海豚，其中约有 50 头是活鲸。有时，搁浅与人类活动有明显的关系：鲸鱼遭遇船只撞击或是被鱼线渔网缠住，之后被冲上岸。污染和海洋噪声也会引发大规模搁浅事故。但很多时候原因并不清楚。

　　抹香鲸通常生活在深海区域，那里有充足的鱿鱼可供它们捕食。如果它们进入浅水区，比如北海，就会被困在那里。由于食物很难到这个区域来，它们会挨饿、脱水，因为它们体内所有的水都来自食物。浅水区也会损害鲸鱼用于导航的声呐，使它们晕头转向，游向海滩。

如果发生这种情况，结局会很惨烈。鲸鱼的巨额体重平时由水支撑。搁浅后，它们的体重会伤害器官和肌肉。肌肉中的肌红蛋白被释放到血液中并进入肾脏，其毒性很高。脱水和肾损害是最常见的死亡原因。

一旦鲸鱼被困达一小时，它们肾脏受到的伤害将是不可逆的。将它们送回水中并不能保证它们的安全，相反，由于血液循环加快，更多肌红蛋白随着血液流到肾脏。2002年，志愿者设法放生了在马萨诸塞州科德角搁浅的45头领航鲸。但是第二天，它们又一次搁浅了，那些存活者只能被安乐死。

海洋动物救援联盟的一些专家说，试图拯救搁浅的鲸鱼通常徒劳无功，安乐死反倒对它们更好。但是对体形这么大的动物来说，这并不简单。在英国，我们无法提供足够的药物来做这些事情，只能顺其自然。

鲸鱼死后，尸体开始分解，散发出吸引食腐动物的恶臭，气体在绝热的鲸脂内部积累。有时压力会变得相当大，最终发生爆炸。根据英国法律，在海岸上搁浅的鲸鱼属于皇家财产；头部属于国王，尾巴属于女王。事实上，为英国鲸类搁浅调查计划工作的科学家将得到优先权，他们可以决定是否验尸。一旦完成验尸，由地方议会处理尸体。通常，它们会被切割开来，然后被带到垃圾场填埋、焚烧。林肯郡的东林赛区议会估计，在2012年处理一只搁浅鲸鱼需花费约10 000英镑。在一些国家，搁浅的鲸鱼会被拖到海上或炸毁。

可以找到更好的用途吗？如果你想吃剩下的肉，那可不推荐。鲸鱼肉和鲸脂已被发现含有高浓度的汞、肉毒杆菌毒素甚至农药。这并不适合女王——或其他任何人食用。

——萨姆·王

车轮的奥秘

自行车如何保持直立?

2011 年，一个国际自行车爱好者团队放出了一则爆炸性消息，历经 150 年的研究，至今无人知道自行车如何保持直立。世界各地的车手从自行车上下来，难以置信地盯着它。多年来，他们一直在做的居然是用科学难以解释的壮举。

好吧，是有那么一点。美国纽约州伊萨卡康奈尔大学的工程师安迪·鲁伊纳表示："我们不知道自行车保持自我稳定的必要或充分条件。我们依靠反复尝试来构建稳定的自行车结构，确保它们在骑行过程中不容易倒掉。从数学上解释它们的工作原理，需要大约 25 个变量，例如前叉相对于路面的倾角、重量分布和车轮大小等。

到了 2011 年，研究人员将这巨大的工作量减少到两件。一个是"小径"的大小，前轮与道路相切的点和前叉延伸线与地面相交的点之间的距离。另一个是作用于旋转的车轮以保持其直立的陀螺恢复力。

鲁伊纳和他的同事们，包括来自荷兰代尔夫特理工大学的阿伦·施瓦布和来自梅诺莫尼市威斯康星大学斯托特分校的吉姆·帕帕佐普洛斯，重新审视了这个数学模型，改变了"小径"和陀螺力，从技术上保证自行车无法骑行。令人惊讶的是，自行车仍然很稳。

从那以后，研究人员一直在努力钻研。去年，鲁伊纳公布了一辆"三轮车"，这是自行车和三轮车的混合体，后轮两侧各加装了一个辅助轮，由弹簧控制，可以改变骑手与地面接触的感觉。他们希望，通过研究这种改造对于骑手转向以及保持平衡的影响，研制出更易于操控的自行车。

　　这仍然是很复杂的问题。帕帕佐普洛斯说："我认为要彻底了解自行车，还需要加上一些脑科学知识。" 人类能通过极其复杂的直觉来保持骑行的稳定。例如，在速度非常低时，我们认识到，车把手已无法控制转向，于是通过摇晃膝盖来操控自行车。

　　为什么？"我们也不知道。"施瓦布说。又一个关于自行车的谜团，可能在我们解决了宇宙起源的问题之后，它还没有答案。

——迈克尔·布鲁克斯

天文学错误

为什么冥王星不是行星？

2015 年 7 月 14 日，美国国家航空航天局的"新视野号"探测器传回了冥王星的标志性照片，图像上显示的崎岖山脉、深谷和心形冰原前所未有地清晰。"给这个美丽的星球一阵掌声怎么样？"任务领导人阿兰·斯特恩向观众介绍照片时说道。

问题是，冥王星不是真正的行星。如果当时房间里有任何怀疑者的话，他们也不会在斯特恩的荣耀时刻提出异议，但自 2006 年以来，这个遥远的世界已经被国际天文学联合会（IAU）列为矮行星，这意味着它将退出太阳系的"正式"行星行列。

这令人困惑。"新视野号"清楚地表明，冥王星看起来像一颗行星——它通过了斯特恩喜欢的"星际迷航"测试；你可以想象，"企业号"上的船员从桥上望出去，然后决定着陆。那么，为什么冥王星会被除名呢？要理解这一点，我们需要回到天文学的起点。

"行星"这个词来自古希腊语"流浪星"。甚至在望远镜发明之前，早期的文明就指出，宇宙中存在七个运动的天体：太阳、月亮、水星、金星、火星、木星和土星。随着哥白尼革命，天文学家们意识到是我们围绕着太阳旋转，而不是反过来，于是将太阳和月亮剔除，加上地球只剩下六颗行星。

1781 年，天王星成为第一颗使用望远镜发现的行星，接着谷神星、智神星、婚神星和灶神星相继被发现。如果你不熟悉这些星球，那是因为现在我们称它们为小行星——它们都很小，集中在火星与木星轨道之间的小行星带——但在 19 世纪上半叶，它们和一些较大的行星并列，总共有 11 个。海王星于 1846 年连同数十个更小的天体一起被发现，这使得天文学家们不得不重新思考，因为这些小行星各不相同。

接着，在 1930 年，冥王星被发现。当时，天文学家就发现这是一个古怪的世界，冥王星的轨道倾角较高，偶尔会进入海王星的轨道。但是，冥王星还是受到了热情的欢迎，加入了行星行列。太阳系完整了。

或者这只是我们的一厢情愿。在 20 世纪 90 年代，冥王星的地位摇摆不定，因为天文学家开始发现外海王星天体（TNOs），这是在海王星之外运行的一群小天体，那里被称为柯伊柏带。接着，在 2005 年出现了一个惊人的打击：厄里斯被发现，这是一个似乎比冥王星稍大些的外海王星天体。

天文学家面临危机。厄里斯应该被列为太阳系第十大行星吗？如果还有其他行星等待被发现，难道要在观察到的那一刻撕坏教科书吗？国际天文联合会（IAU）被迫做出反应，在 2006 年 8 月的一次会议上，冥王星被降级为矮行星——正是在"新视野号"开始探索任务之后数月。

行星和矮行星都是围绕太阳运行的圆形天体，但是，由于矮行星未能清除自己轨道附近的其他小天体，它们失去了正式排名。冥王星降级是由于其附近的小天体，但谷神星则从小行星升级为矮行星，因为它是小行星带中唯一的圆形天体。矮行星的定义也明确排除了卫星，否则我们的月亮以及太阳系中的其他许多卫星都将获得资格。

然而，当你看冥王星的照片时，你看到的是一颗行星。谷神星也是如此，2015 年，这颗小行星迎来了它的第一个访问者——NASA 的"黎明号"探测器，于是它有了自己的特写。如果"星际迷航"测试——天体大致是圆形，并且具有有趣特征——对柯克舰长来说已经足够好，那对我们来说为什么不够好呢？

一方面，这个测试会把太阳重新归入行星，就像古人认为的那样，所以我们最好学 IAU，把围绕太阳旋转作为行星的一个条件。考虑到数十个小型 TNO 的存在——其中有些甚至拥有自己的卫星——认同那个测试意味着太阳系的行星数量将达到两位数。

但是，等等——卫星显然也通过了"星际迷航"测试，特别是我们的月亮是我们唯一登陆过的世界。而特里顿，作为海王星最大的卫星，直径比冥王星大了约三百公里，被认为是由气态巨行星捕获的前 TNO。行星是否真的应该因它们位置的变化而降级为卫星？这是一个有待解决的棘手问题。

现在，我们需要担心的远不止太阳系。像 NASA 的开普勒航天器这样的望远镜现在已经发现了 3000 多颗太阳系外行星绕着各自的恒星运行，但除了那几颗非常大的恒星，其他大部分还没有拍到照片。所有已知的系外行星很有可能都是圆形的，因为它们似乎足够大，在自重作用下应该会形成球形，但未来的望远镜有望找到更小、更模糊的世界。在发射星际探测器之后，我们是否可以称它们为行星？

IAU 对行星的定义实际上并没有提到系外行星，但是有一个单独的定义规定，它们的质量应该低于 13 个木星的质量，以此将它们与棕色矮星区分开来。这个定义具有争议性，而且排除了不绕任何恒星公转、自由漫游的"流浪"行星。形态和位置之间的紧张关系再次使得确认一个大家都认同的行星变得棘手。

讽刺的是，"新视野号"对冥王星半径的详细测量证实，实际上冥王星比厄里斯更大，所以，如果早点开始探索，就可以避免"第十个行星"被发现后爆发的那场争论。斯特恩现在喜欢将柯伊柏带称为太阳系的"第三区"，排在岩质行星和气态巨行星之后。在"新视野号"完成任务前夕的一次演讲中，他认为我们应该接纳那些小天体的行星身份，因为实际上它们在太阳系中占多数。"这真的是太阳系的第三行星区，"他说，"正如昆虫的数量远超人类，小人物总是获胜。"

——雅各布·阿伦

大脑意识开关

失去意识就像直接关灯，还是像调暗灯光？

意识感觉就像一个开关现象：要么你正在感受世界，要么没有。但是，找到我们大脑在这两个状态之间切换的开关是一件棘手的事。密歇根大学安娜堡分校意识科学中心主任乔治·马舒尔说："意识不是我们看到的东西，我们通过意识来看到东西，这使得对意识的研究富有挑战性。"

意识的一个常见定义是："在我们陷入无梦状态的睡眠时缺失，在我们醒来时又恢复的东西。"但是，假设我麻醉你：你可能会听到我的声音，但不会回应；你也可能在做梦，听不到我的声音；或者，你可能什么也听不到或根本没有感觉。哪些大脑活动模式与这些有意识的经验水平相关？

我们知道，大脑的某些区域如果受到损伤或刺激，会导致意识丧失。屏状核就是其中一个——深埋在大脑中的较薄的片状结构。但是，旨在描述意识的许多前沿理论脱离了解剖学。

全局工作空间理论认为，来自外部世界的信息通过互相竞争的方式博取关注。我们只会意识到某些东西，例如电话铃响了，如果它击败了大脑接收的其他所有信息的话。

然后是信息整合理论，这种理论认为意识是数据的组合结果而不是其各部分的总和。马舒尔说："无意识不一定需要关闭大脑区域，更确切地说，只需各区域发生交流故障即可。"

最近一项关于缓慢麻醉过程中人类脑部活动的研究似乎印证了这一点。这也可能解释了像氯胺酮这些药物如何使人昏迷：这种有效的镇静剂可以在许多脑区加强促进觉醒的活动，同时抑制不同脑区间的沟通。

——琳达·格迪斯

登月计划

登月计划经常被认为是人类探险的最高成就，但最近一次登月已经是四十多年前的事了。为什么我们不再登月了？

你想听愚蠢的原因吗？政治原因？还是需要花更长时间解释的原因？第一个是阴谋论者的那一套：我们从来没有登上过月球，也没有能力这样做。当然，这是骗人的鬼话。第二个原因至少是真实的。苏联与终极胜利者美国之间的登月之战是由冷战思维所驱动的。双方在核弹头上相互对峙，试图证明自己在政治上占上风。在某种程度上，将人类送上月球可以明确证明这一点。一旦其中一个国家实现了登陆，另一个国家也就没有必要再次登陆，这就是为什么在"阿波罗 17 号"完成最后一次任务后，人们逐渐对登陆月球失去了兴趣。

但是，各国仍然渴望通过壮举和荣誉来证明自己的价值，在这个"用智能手机可以观看任何事件"的时代，登陆月球一定可以满足他们。登月不乏候选人——某个正在衰退的欧洲帝国，或者中国、印度、巴西，甚至朝鲜。那么，为什么他们不去呢？

现在来说说这个需要花更长时间解释的原因。如果我们有意愿，我们还能去月球吗？在某种程度上，我们失去了这样做的能力。想象一下，为了将尼尔·阿姆斯特朗和巴兹·奥尔德林送入宁静之海所投入的大量的时间、金钱和技术。巨大的土星 5 号运载火箭发射升空，将他们送了出去，发射塔、设计超级复杂的月球着陆模块、宇航服、隔热罩、降落伞……一旦你不再登月，这些东西就用不着了。所以，你不会保留建造这些车辆和装备的工厂，你会将它们关闭。任务完成。

所以，如果你想再次登月，你将不得不从头开始。新设计师（老一代的设计师几乎都不在了）、新设计、航空和火箭的新发展、新材料、新工厂、新发射台，几乎所有一切都是新的，最重要的是新计算机。

当然，我们可以重走当年的步骤，正如我们可以像两千年前的罗马人那样重建一个罗马斗兽场。但是我们为什么要这么做？今天，我们的体育场结构已经完全不同。为什么我们不再使用"协和号"飞机或其后代穿越大西洋？进步不一定是线性的。为了再次登月，我们可以使用计算机、起重机、卡车、材料和激光器，这些在20世纪60年代并不存在。尽管效率会更高——沿用旧技术太愚蠢——但是我们得另起炉灶。

这一次的目标也会有所不同。这不是为了证明自己的政治制度更优越，公众也不会再为虚荣项目交税了。在冷战热潮中，"阿波罗计划"的诞生也许是合理的，但今天的月球计划必须要有严谨的科学、社会、商业和环境效益才能让民众买单。所以这不仅仅是造火箭——我们需要发起一项整体运动。

最后是航天器本身。要承担我们谈到的那些科学利益，航天器可能要做得非常非常大。在发射前，必须一次次对宇宙飞船进行测试。

只有投入足够的时间、精力和金钱，才能做到。即使没有政治目的，也有私营公司愿意参与——前提是登月计划需要给他们一些非常有益的回报。如果有合适的商业条件，也许他们会感兴趣。在那一天到来之前，尤金·塞尔南仍是最后一位登月人。

——米克·奥黑尔

终极祖先

地球上的第一个生命是什么？

　　起初是艾达，即我们最初的达尔文主义意义上的祖先——地球上第一种从惰性转变为非惰性的物质。艾达孕育了我们最后一个普遍意义上的共同祖先卢卡，一个将信息以遗传密码的形式存储起来并演变出地球上所有生命的分子。

　　艾达和卢卡生活在我们体内。我们的细胞都使用表现为 DNA 形式的遗传密码，这表明卢卡本身是由 DNA 构成的。不过没那么简单。所有生命都利用蛋白质合成 DNA 并执行其密码——但蛋白质的合成又需要 DNA 的指导。所以，究竟哪个先出现？

　　大概都不是。RNA 和所有活细胞中的 DNA 关系亲密，同样携带遗传密码，至关重要的一点是，它本身具有催化化学反应的能力。RNA 世界假说认为，卢卡诞生于 RNA 汤，最终产生 DNA 和第一个细胞。

　　但 RNA 来自哪里？ 20 世纪 50 年代，美国化学家斯坦利·米勒和哈罗德·尤里将气体和水蒸气混合，通电引爆后，产生了少量生物分子。不过，如今，精微的想法较为盛行。例如，伦敦大学学院的尼克·莱恩认为，海底温暖的火山口提供了可以孕育 RNA 的由甲烷、矿物质和水组成的生物汤。与此同时，科罗拉多大学的迈克尔·雅鲁斯则支持一个持续冻结和解冻的泥泞池塘使化学物质以正确方式聚合在一起的猜想。

有趣的是，最近试图证明 RNA 存在的实验表明，当化学反应正好合适时，许多生命的构建模块几乎是自发形成的——这增加了生命在其他地方发生的可能性。

——凯瑟琳·布拉希克

消失的语言

技术和全球化的稳步推进意味着少数语言将占据主导地位，而其他许多语种将日益衰落。这个趋势会持续多久——会有那么一天，我们都说着同一种语言吗？

以汉语普通话为母语的人口数量超过十亿，汉语是世界上使用人数最多的语言。西班牙语第二，英语第三。但不同于普通话和西班牙语——两者都在三十多个国家使用——英语在一百多个国家使用。3.35 亿人将英语作为第一语言，还有 5.5 亿人将其列为第二语言。它在国际关系、商业和科学研究中起着主导作用。所有这一切表明，英语正在成为地球通用语。它可能会变得不再像母语人士习惯的英语。

世界各地数以百万计把英语作为第二语言的人创造出了各种包含本国母语和文化元素的方言。这些被称为"英语方言"，例如，中式英语、巴西式英语、尼日利亚式英语。总而言之，它们——不再是美式或英式英语——将成为语言未来的发展方向。

英国南安普敦大学的珍妮弗·詹金斯说，语言专家曾经预言，未来的世界最终会出现两种可能。要么每个人都说美式英语，要么英语像拉丁语那样分裂，产生出新的语种。然而这些都没有发生。

相反，英语方言可能会长期存在。即使在未来，中国、印度和尼日利亚成为全球超级大国，英语也可能是国际交流的首选语言，这只是因为它已经被广泛使用了。奇怪的是，这对以英语为母语的人来说不是一个好消息。当世界上所有人都说英语时，这不再是一件特别的事情，他们失去了自己的优势。

他们甚至可能处于劣势。母语非英语的人可以适应彼此的语言怪癖。詹金斯说："如果你让智利人、日本人和波兰人用英语进行讨论，他们可以相互理解。但如果把其中一个人和两个以英语为母语的人放在一起，可能会出现问题。"

我自己的英语——横跨大西洋的盎格鲁和爱尔兰乡村的混搭——帮助我渡过了许多磨难。我的父母亲永远听不懂蒂姆的英语，他是20世纪90年代初我们在科克的奶农邻居，所以由我担任翻译。无论是按照"口音"还是"英语方言"，都很难将我的英语归类。大多数人以为我来自加拿大。

随着时间的推移，英语方言可能会开始跨越国界。新的方言很可能在贸易区周围形成。这些共同目标将推动通用语言的发展，无论我们是否称之为英语。这并不是说其他语言都会消失。德国人将继续保留德国境内的语言选择权。即使爱沙尼亚语只有一百万人使用，也不会消亡。同样，直接继承自莎士比亚时期的"中古英语"的语言依然在英国和美国占据主导地位。但是，就像英式橄榄球一样，英语很快就会超出他们的控制范围，在地球上其他地方被改造成某种新的语言。

——哈尔·霍德森

私语

对于苏格拉底来说，当他要犯错误时，头脑里便会传来警告的声音。对于西格蒙德·弗洛伊德来说，当他独自旅行时，这声音会幻化成陪伴他的爱人。人们听见脑海里的声音已经有悠久的历史。

那些杰出名人的例子也许向我们证明了这并不总是疯狂的标志：我们的日常想法似乎经常以类似语言的方式呈现。2011 年，英国达勒姆大学的查尔斯·费尼霍和西蒙·麦卡锡 - 琼斯发现，有 60％ 的人体验过"来回对答"形式的"内在演说"。

那么，"内在演说"什么时候结束，我们可以再次听到"外界"的声音？其中一个答案是，内心的声音"感觉就像你自己一样"，费尼霍说，所以你感觉到更多的掌控感——但是，考虑到许多思想过程似乎是非自愿的，这个答案并不能令人满意。"这个问题是谜题的核心，为什么我们没能更好地理解它。"费尼霍说。

在他们迄今为止最大的研究之后，费尼霍和他的同事估计，有 5％ ~15％ 的人会听到头脑中的声音，虽然只是短暂的或偶尔的。大约 1％ 没有被诊断出精神疾病的人听到过更持久的、反复的声音。大约相同比例的人被诊断为精神分裂症，对两者相关的假设提出了挑战。

到目前为止，在没有被诊断出患有精神疾病的人中，听到头脑中的声音的人和没有听到的人的大脑似乎没有差别。费尼霍说，在谈论你头脑中的声音前，最好先问问自己：它们打扰到你了吗？

声音不是我们内心想法的唯一表现——我们的心灵也会讲故事。这种虚构能力是记忆障碍的症状之一，人们有错误的记忆。但没有记忆障碍的人也会这样做。实验表明，例如，当人们被迫随机做出决定时，他们随后会为此编造理由。

其中一个理论是，这有助于我们理解这个信息轰炸的世界，并为我们潜意识做出的决定提供有意义的显意识理由。新泽西州罗格斯大学的进化生物学家罗伯特·特里弗斯认为我们的谎言更加利己：通过对自己撒谎，我们可以更好地对别人撒谎。

这可能解释了所谓的"正向偏见"现象，人们往往会高估自己的美德。"我们把自己放在正向分布的上半部分，"特里弗斯说，"80％的美国高中学生认为他们的领导能力处于中上水平。"对于这些令人振奋的声音，你也许不必过于担心你所听到的——只要别完全相信。

——凯瑟琳·德·兰格

银河工程

我们可以利用技术来改变银河系吗?

人类已经开始改变地球。我们建立了城市、交通网络和发电站,并用卫星点缀了星空。如果我们利用这种能力来设计我们的环境——生活空间、旅游、能源和通信——它将指引我们去哪儿?我们能改变太空吗?

预测未来是一个愚蠢的游戏。所以,让我们采取惯用的伎俩:除非被目前已知的物理学知识否定,否则最终都会实现。在开始之前,我们先发明两样东西:可以自我修复的人工智能主管,它可以指导持续数千年的项目;和接近光速的汽车,也许骑在激光束上或由微型黑洞驱动,根据堪萨斯州立大学物理学家的最新计算,这有可能实现。

于是,我们可以从一个太阳系跃迁到另一个太阳系,在 1000 万年左右的时间内跨越银河系,然后进入我们银河系所在的超星系团。所以,潜在的建筑空间相当宽敞。这样的文明将消耗大量的能量,而那正是我们的工程引人注目的地方。其中一个选择是就地解决能源问题,例如,利用绕轨道而行的太阳能发电站获取太阳光。当电力需求增长,这些发电站可以完全包围一颗恒星,形成一个封闭的"戴森球"(以物理学家弗里曼·戴森命名),戴森认为,技术文明的能量需求会不断上升。

如果我们建造一个"戴森球"，我们会使太阳变暗，并在我们死后留下一个浩大的考古遗址。如今，地球上的天文学家正在寻找这种规模的外星工程投下的阴影。通过这种技术水平，我们甚至可以移动恒星，尽管速度缓慢。最简单的方法是在恒星的一侧放置一面镜子，将其部分光线反射成光束，从而产生反向推力。或者利用戴森球的能量为离子发动机提供动力，使恒星移动得快一点。我们可能会使用这样的恒星发动机远离预测到的超新星，或者让两个昏暗的小恒星相撞，建造一个更亮的发电厂。

如果仅仅操纵恒星显得有些单调，那么，利用超大质量的黑洞的能量怎么样？我们可以捕获其吸积盘中的辐射能量，或提取其旋转能量。在被称为"能层"的区域，旋转的黑洞会拖拽其周围的时空，我们至少有两种方式来利用它。牛津大学的罗杰·彭罗斯建议使用它来加速物质流，而剑桥大学物理学家罗杰·布兰福德和罗曼·兹纳杰克设计了一种将其变成电磁发电机的方法。这些可能是一个发电厂的基础，其能量输出是戴森球的十倍。至少，它的尺寸得和我们的太阳系差不多。

即使那样，依旧没有到达我们野心的边界。我们对宇宙真实面貌的探求可能会促使我们造出终极粒子加速器，能够产生足以让所有力量统一的巨大能量，最终揭开时空的本质。

新泽西州普林斯顿大学高级研究所的布赖恩·莱基已经发现了这台加速器的一些特性。其中一个是巨大的尺寸：为了能够将粒子加速到所需的能量，它必须被拉伸至太阳至冥王星距离的一百倍。这只是下限，但更大的尺寸应该有可能实现。这样一个长而薄的东西可以无限延伸，而不会产生巨大的自重应力，所以也许我们可以在猎户座甚至更远的地方建立一座塔。

在可想象的技术极限下，我们甚至可能会修正宇宙的命运。如果恒星和超大质量的黑洞无法满足我们对能量的渴望，那么我们可能得学着创造出微型黑洞，并给它们提供灰尘。这可以解开惰性物质的质能，将其转化为可用于驱动我们星际产业的霍金热辐射。

根据澳大利亚昆士兰大学的 S. 杰伊·奥尔森的计算，这可能会改变未来的一切。随着文明以光速在太空扩张，它将使宇宙充满废热，从而改变其物理特性。将物质转化为辐射，甚至会使太空的扩张速度减慢一些，这使我们对地球的小小干预不再显得那么短视。

——斯特芬·巴特斯比

打喷嚏的季节

是什么导致了花粉热，为什么只有一些人受到影响？

引起花粉过敏症状的反应几乎与身体破坏、驱赶寄生虫的机制一样。但我们还不清楚无害物质（如花粉）触发这些反应的机制。已知的是，敏化过程通常在你注意到任何症状之前几个月或几年就已经开始。最终的结果是，当再次遇到特定的过敏原时，免疫细胞网络已准备好要做出反应。

由于某些原因，过敏的人越来越多。过敏性鼻炎的影响遍及世界各地，但成年人发病率最高的是英国，达到30%，是20世纪70年代的三倍。美国、澳大利亚、新西兰等西方国家的发病率也有类似的增长。全球平均发病率约为16%，这意味着超过十亿人患有花粉热。

一些数据显示，花粉热在青少年中更常见，刚开始常常伴随着头痛。但症状也可能在任何时候突然开始，甚至在老年时。至于为什么要花这长时间才发作，没人知道。帝国皇家学院过敏和呼吸专业的教授斯特芬·德拉姆说："这可能是由于激素水平的变化，或者敏化过程需要时间。"喝酒和吸烟也会增加患上花粉热的风险，使症状恶化。这种流行病背后是什么？意识提高可能是一个原因，但肯定不是全部原因——近几十年来，各种过敏症似乎变得越来越普遍。

主流的解释是卫生假说——幼儿接触细菌感染和寄生虫的机会减少，扰乱了免疫系统的正常发育，导致免疫系统对无害物质进行攻击。在农场长大似乎可以保护儿童免受花粉热和哮喘的困扰，饮用未经巴氏消毒的牛奶也有这样的功效。

但卫生假说也不完备。在某些国家，例如极端西化的日本，过敏率就很低——这可能是由于其内在的遗传因素影响了敏感性。如果你有一位近亲患有花粉热，那么你有超过 50% 的机会染病。

最近的一种说法是，减少与自然环境的接触可能降低寄生在我们身上的微生物的多样性，这可能会使免疫系统变得容易过敏。最近，芬兰赫尔辛基大学的伊尔卡·汉斯基发现，与健康人相比，易过敏的人更有可能住在建筑密集的区域，生活在他们皮肤上的细菌种类较少。

有一类叫"不动杆菌"的细菌看起来特别有趣，它似乎鼓励免疫细胞产生白细胞介素 –10，一种抗炎症物质。汉斯基说："在森林和农田环绕的房子里长大的孩子，皮肤上分布的这类细菌往往更多，从而降低了过敏的概率。"

增加过敏概率的其他可能因素还包括在儿童期较多使用抗生素、维生素 D 水平低下或暴露于某些化学物质中。目前，还没人说得清楚。

——琳达·格迪斯

另类历史

尼安德特人很久以前就灭绝了，但他们的基因却在现代人身上延续。你身上有多少尼安德特人的血统呢？

2010 年，一批遗传学家宣布他们破解了尼安德特码。他们从拥有 38 000 年历史的古老的骨头中提取微小的 DNA 碎片，最终他们排除万难，重建了一个尼安德特人基因组。如今，我们已习惯于听到古代基因组，但在当时这是革命性的。在那之前，我们只能通过骨头了解我们已经灭绝的表兄弟，而现在我们有了蓝图。

遗传学家决定将他们的尼安德特人基因组与现代人的基因对比，发现了令人惊奇的事情：居然有一些基因是匹配的。

这不同于人类与黑猩猩 DNA 的高度匹配——经过仔细观察，他们发现，在某种意义上，现代人类的某些 DNA 片段属于尼安德特人。唯一的解释是，数万年前，尼安德特人和现代人类交配，生下了一个混血小孩，那个孩子将尼安德特人的 DNA 片段移植到人类的家谱中。

现在我们知道，非非洲后裔的基因组成里有 2%～4% 源自尼安德特人。杂交发生在智人走出非洲之后，所以，有非常纯净的非洲血统的人不携带任何尼安德特人基因。而且我们知道，并非所有人都继承了相同的尼安德特人基因片段——总共有 30%～40% 的尼安德特人基因组仍然在四处游荡，分散在数以百万计的活人中。那些DNA并不空闲。遗传学家一直在仔细观察这些小东西，以了解我们可能从这不太幸运的物种继承的特征。如果你长有雀斑，皮肤苍白，还有一头红色的头发，那么有可能这些基因最初是从尼安德特人遗传而来的。你也可能继承了一些他们的免疫系统基因，而我们从尼安德特人身上获得的其中一个基因控制着我们视野中小盲点的大小。

当然，你也可以反过来问这个问题，你身上有多少"真正的人"的血统。哪些片段是我们特有而尼安德特人没有的？这样的基因当然有很多，但是，其中有一套基因非常有趣。它们被发现存在于人类自己的细胞以及狗和猫的细胞中，而尼安德特人的骨头中却没有。这套基因之所以有趣是因为，它们曾经与驯养有关：狗有，但狼没有，猫有，而野猫没有，甚至在已被驯化的西伯利亚狐狸群中被发现，但野生狐狸却没有。这些基因赋予宠物小头骨和狭窄的面孔，也使他们不那么凶猛。所以请记住：你身上确实有部分尼安德特人的基因。但真正让你有别于他们，或者所有人类祖先的是，我们是被驯化的物种。

——凯瑟琳·布拉希克

比人类"更有意识"

从蠕虫进化到鸟类到猴子再到人类，意识是否在连续增强？如果是，那么人类继续进化会变成什么样——比人类"更有意识"是什么意思？

常识告诉我们，随着动物变得更加复杂，它们的意识也日益觉醒。一方面，进化的脚步在我们这里驻足是令人高兴的事；另一方面，它有助于合理化我们对待其他动物的方式。如库尔特·科贝恩所说："吃鱼没什么大不了的，因为它们没有任何感觉。"

但是（对不起，库尔特），常识在解释事情时往往是无望的。请关注意识本身。"意识"一词每个人都懂，但却无法用科学的方式解释清楚。我们已经谈了几千年，并花了几乎一样长的时间来研究，但我们仍然不知道意识现象是如何在大脑中的某个区域产生的。

关于意识的一个主流理论是整合信息理论（IIT），它没有直接作答，而是提出意识的经验是由来自大脑不同位置的数据整合而来的。他们发明了一种"意识指数"ϕ，它代表一个系统拥有的涌现信息数量。

如果 IIT 是正确的，这意味着所有的动物在某种程度上都有意识，确实存在一个从简单动物到复杂动物的意识连续体。但是，因为我们不知道到哪里寻找它，要如何测量，所以很难说某种动物在这个连续体的哪个位置。或者说，我们又在哪里。

我们并不认为，人类的意识是生物可以达到的"最有意识的"状态。比如，其他动物也有意识，只不过它们的大脑结构与我们不同。鸟类没有新皮质，我们曾经怀着哺乳动物的优越感认为它对于有意识地思考至关重要。相反，鸟类利用大脑的另一个部位设法做许多复杂的认知处理，比如思考。我总是会想起在剑桥的一家鸟舍里遇到的一群松鸦。那些鸟儿和我身边的科学家很熟，但不认识我。它们躲在箱子后面，似乎在大声喊道："对不起，对不起。"仿佛它们在为自己的逃跑向它们的"朋友"道歉。

大多数研究大猩猩的生物学家都会告诉你，猩猩具有意识。有一次，在马来西亚婆罗洲的热带雨林中，一只年轻猩猩与我交朋友（这是一个很长的故事）。经历了与这只大猩猩和松鸦的邂逅之后，我坚定地相信动物是有意识的。但是，这不仅仅是我的个人经历和对其他动物的猜测——有很多证据表明动物具有意识行为。你甚至可以为植物辩护。它们非常擅长检测和处理大量信息，并采取行动。当然，我们称之为觉知，甚至是意识。

所以说，认为存在一种意识连续体，关于这种看法，并不存在多少争议。我们每个人也都经历了意识进化。在睡梦中，我们基本上仍然是自己，即使我们可能在天上飞行或是在水下呼吸。如果我们醉酒或是吸食毒品，我们的意识会有所不同。IIT 创始人威斯康星大学麦迪逊分校的朱利奥·托诺尼表示，意识会随着我们年龄的变化而变化。

我们并没有达到意识的最高形态。下一步是什么？心灵感应？预言？来自英国苏塞克斯大学的神经科学家阿尼尔·塞斯说，意识的"更高层次"不一定会映射到宇宙一体化的通俗概念——但是我们可以对此抱有希望。也许，更高的意识可以让我们感知到另一个被造物的意识状态，并预测其行为。对我们来说，这种极度共情或超直觉能力有点像读心术，但这不需要超自然的解释，只需要更深入地了解神经处理过程。

让我们回到之前提到的鱼的问题。我们怎么知道它们没有任何感觉呢？我们连自己的痛苦是如何在大脑中呈现的都不知道，就更别说其他物种了，我们没有权力去主观地断定其他动物正在经历什么。吃鱼也许没问题，但这并不是因为我们知道它们没有任何感觉。

——罗恩·胡珀

点击打盹按钮

无论是因为白天长时间工作还是夜晚在某个地方久久徘徊——或者两者都有，我们中许多人会问：在周末补觉有效吗？

睡眠这种需要来自一个双层结构的系统。一方面存在睡眠驱动，也被称为睡眠压力：我们清醒的时间越长，睡眠驱动积累得越多，促使我们渴望睡眠。当你试图熬夜的时候，你可能会强烈地感觉到越来越想睡觉。一旦你睡着了，这个睡眠驱动便开始消散。

然而，从醒来的那一刻起，我们不会再感到越来越疲倦。例如，人们常常感到在晚上八点比下午四点更清醒。这是因为我们的睡眠／清醒模式也由大脑中的昼夜节律钟协调。这产生了所谓的警报信号，白天大部分时间它们会变得更强，以抑制睡眠驱动。随着睡觉时间临近，这些警报信号变弱，最终睡眠驱动控制了我们。

当我们睡觉时，睡眠驱动减弱，直到我们醒来，感觉到精力恢复。理想情况下，你早上不需要闹钟叫醒——如果你这样做，会积累睡眠债务。这会让你感到越来越累，因为你拖欠债务了。已经有很多证据表明，睡眠过少会产生负面影响，比如健忘、心脏病、体重增加和中风等。

所以，简单的解决办法就是尽快偿还这笔债务。在一项研究中，科研人员跟踪研究连续六个晚上只睡四个小时的学生。这些学生产生了胰岛素抵抗（Ⅱ型糖尿病的元凶），血压升高，应激激素皮质醇上升，并且只产生了正常数量一半的该激素抗体。但是，当学生们补了几个小时觉之后，所有这些结果都被逆转了。即便如此，并不是每个人都相信，这种短期恢复可以缓解由经常缺觉导致的长期健康问题。

还有一种情况可能让你晚上睡不着。我们知道，倒班和时差会破坏你的生物钟，损害健康。经常在错误的时间睡觉会导致糖尿病、肥胖和癌症等问题。看起来，在周末补觉，这种被称为社会性时差的现象，可能会引发与倒班相同的健康问题。

不幸的是，随着工作和上学的时间越来越早，晚睡晚起型人最遭罪，他们的生物钟已经让他们适应晚睡晚起的作息。传统观念认为这些人懒惰，现在看起来这更像是健康歧视。早起的鸟儿有虫吃，而夜猫子被迫早起却得了糖尿病。这种差距导致许多人开始倡导改变学校作息及办公时间——尤其是为了保护倾向于晚睡晚起的年轻人的健康。同时，最健康的解决方案是早睡。

——凯瑟琳·德·兰格

遇到外星人

如果我们找到了外星人，会怎样？

得益于开普勒太空望远镜，我们知道银河系可以容纳多达 300 亿个类似于我们地球的行星。下一代望远镜，如詹姆斯·韦伯空间望远镜，预计会在 2018 年升空，它将搜索系外行星大气层中的生命迹象。有些人认为，发现除我们以外的生命体只是时间问题。2017 年 4 月，美国国家航空航天局首席科学家埃伦·斯托凡预测说，到 2025 年，我们将找到其他行星上存在"生命迹象"的有力证据。如果她是对的，我们将如何处理这个消息？

前美国国家航空航天局历史学家、现任美国华盛顿特区国会图书馆太空生物学馆馆长斯蒂文·J.迪克说，我们所发现的将会对我们的回应方式产生重大影响。如同世界杯决赛场上身着绿色球衣的球员一样不起眼的发现，都有可能需要接受多年的质疑和考验。马萨诸塞理工学院的行星科学家萨拉·西格正在寻找另一颗地球，她也同意这一说法。她说，任何初步调查结果都可能需要花一些时间来确认。"可能不会有'啊哈'时刻。"

系外行星大气中的化学不平衡可能是由微生物活动引起的。但是，这样的间接结果可能只会产生短期影响，迪克说。1996 年发现的火星陨石 ALH84001 获得了媒体的广泛关注，总统甚至对此发表了演讲，之后质疑声越来越强烈。现在，大多数人认为陨石中不存在古代外星生命的残骸。

来自智慧外星生物的解码广播则完全不同。科学家和政府将不得不评估这些信息是否具有威胁性，如果真的存在外星生物，我们又该如何回应。这对某些宗教来说也是一个挑战，迪克说。"耶稣必须是所有外星生物的救世主吗？"有些人可能会把有智慧的外星生物当作救世主，从而产生新的宗教信仰。另一些人则简单地为他们克服星际纠纷来探索宇宙而庆祝。

从更长远的角度来看，即使是外星生命的微小证据，也会激励人们了解生物学的普适原则，迪克说。我们可能会找到这些问题的答案：生命的出现必须有合适的条件，还是偶发事件？是否存在其他类型的遗传密码？生命必须依赖碳或水吗？达尔文的自然选择学说是普遍适用的，还是说也存在其他进化方式？

也许最重要的是，外星生物的存在将会给"人类是宇宙的中心或其存在的原因"这种观念带来决定性的打击。相反，我们将被迫承认我们只是一棵巨型星系生命树上的一根小树枝。"我希望人们能够找到一种新的和平意识，对于我们并不孤单这点有新的理解。"西格说。

——麦格雷戈·坎贝尔

太空殖民者

人类有责任在其他行星上繁衍生命吗？还是应该与宇宙保持隔离状态？

琢磨外星人是一件很有趣的事情。但假如根本不存在外星人呢？65 年前，恩里科·弗米首次提出，我们在宇宙中是孤独的。弗米估计，一个先进的技术文明花费一千万年左右的时间，其种群才能填满银河系。我们的银河系比那大一万倍。大家都去哪了？

这似乎不是因为我们没有寻找，也不是因为找得不够久，不够努力，尽管有一种粗糙的观点认为，应该存在其他先进的文明能够发出可穿越星际的信号。然而，并没有。

那么，假如我们真的是孤独的呢？牛津大学未来人文研究院的安德斯·桑德伯格说："如果我们认为我们是宇宙中唯一的生命，那么我们就有责任将生命传播到其他星球上。如果我们是唯一的智慧生物，我们就同样有责任传播人类文明。"

NASA 天文学家戴维·格林斯布恩对此表示赞同，尽管他还没有放弃寻找外星人的念头。他说："我们拥有别的物种从未拥有过的能力。如果我们是宇宙中唯一的生命，不妨把赌注加大些，如果我们是宇宙中唯一具有科学洞察力和技术知识的智慧生命，我们有责任保护我们的文明。"

这并不容易。首先，我们需要大胆决定"去哪里"。我们不知道人类可以在地球以外的什么地方生存下去。英国皇家天文学家马丁·里斯说："我们在太阳系中甚至找不到像南极或珠穆朗玛峰一样温和的环境。"但是，一些先行者仍在努力寻找这样的环境。亿万富翁发明家埃隆·马斯克计划在未来五十年内在火星上建立一个自给自足的殖民地。里斯说："到 2100 年，一些先行者可能已经建立了完全独立于地球的基地。"

第二，我们需要某种强劲的推进力，但我们还不知道那会是什么样。第三，我们必须想办法处理星际尘埃，当我们的飞行器达到一定的运行速度，这些尘埃可能会导致灾难性的碰撞。第四，我们需要在舱内造出某种人造重力，否则宇航员将面临巨大的、很可能致命的健康问题。

毫无疑问，前方障碍重重，有些是我们尚未面对甚至难以想象的。但桑德伯格和另外一些人都很乐观，认为我们可以克服这些困难。即使无法做到，我们还可以尝试通过"定向泛种论"在宇宙中繁衍生命，以延长时间线。其基本思想是将微生物发射到太空，希望它们在适合生命繁衍的行星或卫星上着陆，最终演变成具有自我意识的智慧物种。

科幻作家查利·施特罗斯建议选择可以在最恶劣的环境中长时间存活的能产生孢子的古生菌和光合细菌。"把它们放在火箭上，发射出太阳系，"他说，"几乎所有的孢子都会灭亡，但是如果你每年发射一百吨孢子，坚持一个世纪以后，迟早会有一些效果。"

对我们来说，没有什么真正的回报，除了一点善意。也许，地球上生命的起源正如定向泛种论所描述的那样。如果真是那样，我们的最终目的就是将生命传递下去，如同在宇宙中传递一封连锁信。

——迈克尔·布鲁克斯

麻烦的肿瘤

"我们能把人类送到月球，为什么就不能治愈癌症呢？"我们经常可以听到这样的抱怨，这和我们大多数人对癌症的认识有关。这诚然只是一块多余的突起，将其切除，问题就解决了！通常情况下，如果肿块很小，可以接近，并且是唯一的肿块，那么切除手术确实有效。

难就难在这里。几乎没有人死于最初的癌症肿块，也称为原发肿瘤。能杀死人的是次生肿瘤，由原发肿瘤脱落产生的碎片，它们可以转移到身体的其他部位，并发展为新肿块，通常位于远离原发肿瘤的器官中。一旦发生转移，由于次生肿瘤会继续生长并入侵身体的其他部分，因此切除原发肿瘤没有用。

通常，次生肿瘤产生的时候，病人甚至都不知道他们长了原发肿瘤。当他们出现症状时，也许是因为肿块变得可见或开始压迫神经并引起疼痛，但是次生肿瘤数量太多，无法通过手术治疗。

但我们确实有一些自然防御手段。我们身体的免疫系统主要用于识别和杀死入侵者，如细菌和病毒，但作为其日常管理操作的一部分，它还可以发现并破坏异常细胞——可能引发癌症的那些细胞。同样地，如果发生任何危险的错误，我们的细胞也有自己的内部质检系统来促使细胞"自杀"。

异常细胞、肿块，甚至微小的癌症，都可能在我们身上频繁生长，但是我们的免疫系统能够发现并摧毁它们。然而，在极少数情况下，微小的肿瘤可以逃避检测。研究人员发现，肿瘤能进化出"不要杀我"的信号，使免疫系统失效。肿瘤也可能会被当作治愈伤口或修复组织的一次错误尝试。这可能会使免疫系统误认为正在进行的是治愈工作，而非致命谋杀。

驱动肿瘤生长的许多基因和程序仅仅活跃于胎儿时期。肿瘤似乎拼命想在你身上不同部位随机生长。胎儿的发育速度可能有助于解释为什么一些癌细胞生长和传播的速度如此之快，因而难以治疗。

在尝试开发新疗法时，另一个棘手的问题出现了，癌症的产生是随机的，随机的细胞，随机的器官，随机的人，所以它们完全不同。癌细胞的遗传和表现方式都是一团混乱。它们从正常工作中脱身，到处闲逛，把本应该关掉的基因打开，激活禁止的细胞程序，使自身无限繁殖，又或者在不同器官间转移。更糟糕的是，在转移时，甚至在单个肿瘤中，它们会与正常细胞混合。你要杀死的不再是异常的细胞或组织，而是不断进化的生态系统。

幸运的是，医学在逐渐进步。一旦癌症被诊断出来，最好的解决办法就是手术切除。通常患者也接受化疗药物——与外科医生的手术刀不同，药物可以在整个身体内循环，在次生肿瘤成为问题之前将其扼杀。大多数传统化疗药物会杀死积极繁殖的细胞。这是因为癌细胞不同于其他大多数成体细胞，繁殖迅速。然而，人体内还有许多部位的健康细胞在进行常规分裂，如肠道和口腔，更不用说毛囊了，这些地方的细胞就成了牺牲品。这导致了许多患者无法忍受的严重副作用。更糟糕的是，肿瘤包含这么多混乱的突变细胞，有一些可能对化疗药物具有抗药性。这些癌细胞可以在化疗中幸存下来，继续在患者体内进化。

另一种不同的策略是，找出癌细胞中的表观遗传标记，将这些异常细胞当作治疗靶标。用于治疗乳腺癌的药物曲妥珠单抗（赫赛汀）的工作原理就是这样，它显著增加了能正确标记药物靶标的患者的存活率。在过去十年中，情况比较乐观，但人们很快发现，某些癌症细胞学会了隐藏靶标，使其对药物隐形，发展出了对这些药物的抵抗力。

近年来，研究人员开始回归一个解决方案，目标是引导免疫系统对抗癌症。这样做的好处在于免疫系统也会进化，因此有可能与癌症保持同步。这些新药，如尼莫单抗和彭博罗珠单抗，可以撕毁肿瘤带有欺骗性的外衣，使得免疫系统可以对其发动攻击。最重要的是，即使癌细胞进化了，这种治疗方法也可以对其进行监督和破坏，这是服用单一的"银弹"药物无法做到的。这些药物对致命性皮肤癌和肺癌（全球最大的癌症杀手）患者的生存具有深远的影响，可以帮助他们延长几年的寿命，而非几个月。

所以，前景看似光明。可能永远不会有一种能"治愈癌症"的药物。但免疫系统的重新参与给我们带来了巨大的希望——它可能是第一个可以适应每一位患者，并在其体内发展，以其独特形式控制癌症的解决方案。这将是一段漫长而艰难的旅程，但我们的探测器已经起航。

——安迪·科格伦

冰上滑跤

不管是对花样滑冰选手还是对物理学家来说，冰面都相当滑。有一种普遍的共识：由于冰面上有一层薄薄的液态水膜，所以冰面摩擦力很小。因此，滑冰运动员穿着冰刀可以自由地穿梭在溜冰场上，但是遇到木地板会停下来。问题是，这层水膜是如何形成的。一个多世纪以来的研究使我们离明确的答案更近了一些。

这一切始于 1850 年 6 月，在伦敦皇家研究院，迈克尔·法拉第告诉一位观众，如何将两块冰块压在一起形成一个大冰块。他认为这是由于冰块之间的水膜快速冻结引起的。多年来，人们一直认为是压力导致了这层水膜的出现。事实上，加拿大蒙特利尔麦吉尔大学的安妮-玛丽·基耶茨格说，即使是体重超过平均值的人只穿一只滑冰鞋站在冰面上，也无法产生那么大的压力，使冰块融化。

相反，基蒂奇认为主要的原因是摩擦生热。例如，冰刀在冰面上滑行时可以轻易产生足够的热量，导致冰面融化。

也许你以为争论到这儿就结束了。然而，新加坡南洋理工大学的孙长青提出了不同的看法。他认为，即使你站在冰面上不动，冰面依旧很滑，所以不可能只是因为摩擦力的存在。他说："摩擦生热或压力致使冰面融化的思路已被排除。"

根据孙的说法，假设冰面上那层滑溜溜的膜处于液态这一点本身就存在缺陷。他说，这层膜的形态应该被称为"超固态"，因为冰面的水分子之间的弱键被拉伸，但是与液态水不同，这些键并没有断裂。他还认为，这种拉伸最终会在冰面这层膜和与其接触的任何物质之间产生静电排斥力。

他将该效应与磁悬浮列车的电磁力以及气垫船船体下方产生的空气压力做对比。如果他的说法是对的，他的模型将有助于解释冰面的许多属性，包括轻微的摩擦力。"我相信这个问题已经完美解决了。"孙说。

这种解释无法让大多数活跃在冰场上的人信服。2013 年，日本札幌北海道大学的佐崎元首次直接观察了这层水膜，他更愿意称其为准液体。他认为这是温度升高时固体和液体之间的一种过渡形态。

对佐崎元来说，要了解这层神秘的水分子是如何形成的还有一段距离。在谈到像冰上滑倒这样熟悉的事时，他说："事实比我们预期的要复杂得多。

——吉利德·阿米特

未来的方向

　　　我们许多人都曾希望时间可以倒流。为什么时间只能前进呢?

　　我们老说时间流逝是因为它似乎是流动的。即便在空间中纹丝不动地站着,我们仍会随着时间无情的流逝被"现在"拖曳着向前。与此类似,事件从过去通过现在到未来稳步前进。艾萨克·牛顿认为这是一个基本事实。他说:"所有的运动都可能被加速和延缓,但绝对时间的流逝不会发生变化。"所以时间是怎么流动的,为什么总是朝着一个方向?许多物理学家会告诉你,这是一个愚蠢的问题。剑桥大学的哲学家休·普赖斯说:"在某种意义上,可以说时间是流动的,但这种说法并没有多少价值。"

　　时间的流逝必须以某种速度进行。但速度被视为与时间有关的变量。那么时间流动有多快?南非开普敦大学的宇宙学家乔治·埃利斯的回答是:每秒一秒。普莱斯认为这毫无意义。即使时间静止不动,也可以说,每秒过去一秒。事实上,如果可以这样衡量流动速度,那么我们也可以说,空间流动的速度为:每米一米。

　　埃利斯反对最成功的物理学理论之一 ——狭义相对论。狭义相对论指出,不存在客观的同时性。你可能会看到三件事以特定的顺序发生——先是 A，然后 B，然后 C。以不同速度移动的人看到的顺序可能完全不同——先是 C，然后 B，然后 A。换句话说，如果不存在同时性，那么就无法说明什么事情"现在"正在发生。如果不是"现在"，那是什么在随着时间流逝？

拯救客观的"现在"是一项艰巨的任务。但是，加拿大滑铁卢市的普里美特理论物理研究所的李·斯莫林却通过调整相对性放过了它。他认为，如果我们愿意牺牲一些客观的空间概念，就可以把"现在"这个概念重新纳入物理学。

大多数物理学家不这么认为。普遍的共识是，时间就像空间一样——是一个不变的维度，由一个四维"封闭宇宙"延伸出来。

加州理工大学的肖恩·卡罗尔说："宇宙中的每一刻都有过去、现在和未来。人被描述为由一个个时刻组成的历史，而那些时刻都让我们产生一种感觉，它们从过去到未来。"

但这并没有真正回答这个问题。如果时间不会流动，那是什么让我们认为它是流动的呢？

——迈克尔·斯莱扎克

了解玻璃

玻璃真的是液体吗？

在古老的欧洲教堂旅游时，有时你会看到中世纪的窗玻璃上薄下厚，忘记导游编的神话故事，这不是因为几个世纪以来玻璃的缓慢流动造成的。当初制作玻璃时，熔融的玻璃被卷成薄片的工艺导致了它们的不平整。

玻璃不是可以缓慢流动的液体。这是一种有点古怪的固态物质。它被称为无定形固体，因为它缺乏固体的有序分子结构，然而其不规则结构又太坚硬，不能算作液体。事实上，如果通过玻璃板中的原子运动来实现这种变形，需要花十亿年。

但我们并不了解玻璃的一切。一方面，如何实现从液体到无定形固体的转换，一直不为人所知。大多数材料从液态过渡到固态时，其分子会立即重新排列。在液体中，分子可以自由移动，然后，啪！——它们或多或少被固定成紧密排列的图案。

但是，从玻璃匠手中的红热液体变成装啤酒的透明玻璃瓶，玻璃却发生了不一样的变化。随着温度下降，分子的运动速度逐渐放缓，而非突然停止，这保留了液体不规则排列的结构特点，但同时又获得了固体独特的物理性质。换句话说，在所有形态的玻璃中，我们看到了一种不寻常的现象：液体分子那种杂乱的排列被神奇地固定了下来。

这个奇怪现象背后的过程仍然是一个悬而未决的问题。日本东京大学的田中肇说："对此的解释版本几乎与研究人员的数量相当。有一种可能是，这全都是因为能量的使用。热力学定律主导着一个系统内的能量传递方式，根据该定律，每一个分子集合都会被驱使着找到能耗最低的排列方式。但是在任何特定系统中，一些分子的性能更好，这意味着不同的分子组会呈现不同的排列方式——就整体而言，形成了一种混乱的排列方式。

但是，即使可以从热力学角度解释，目前也还不清楚究竟是什么在驱动玻璃的这种古怪行为。驱使分子寻找能耗更低的排列方式的可能是原动力。反之，它也可能是一种指向最大的无序状态的无法抑制的倾向。这似乎是一种合理的解释，但它又提出了一个难题，即有序的固体物质是如何生存下来的。

田中还没有放弃。他说："到目前为止，结晶和玻璃转变已经被单独拿出来研究了。"但他认为，玻璃的形成方式很可能与晶体类似，后者因为其重复的几何结构，被视为一个比较容易的分析目标。如果他是对的，也许玻璃的性质终将会变得像晶体那么明朗。

——吉利德·阿米特

微不足道的拉力

为什么整个地球的万有引力都不足以撕掉你冰箱门上贴的一块磁铁？

等等，你可能会说：万有引力足够强大，它可以让我站在地面上。将航天运载器送入轨道的航天局也不会认为万有引力很微弱。但是，物理学家要解开的谜题是，为什么这种力量与电磁力相比却微不足道，无法将磁铁从冰箱上撕下来——毕竟我们谈论的可是整个地球的拉力。

与自然界中其他基本力相比，万有引力非常微弱。万有引力是目前唯一无法用量子理论完美描述的作用力，这个问题的规模很难量化，不过可以通过普朗克质量来测量，万有引力越弱，它的数值越大。在我们的宇宙中，普朗克质量巨大。它比定义弱核力的 W 玻色子和 Z 玻色子的质量大万万亿倍。事实上，与标准模型中出现的所有质量相比，它都是巨大的。"问题不是为什么普朗克质量那么大；而是为什么它比已知的所有粒子质量都要大，"哈佛大学理论家马特·斯特拉斯勒说，"难题是，要么你说普朗克质量很大，要么说粒子质量很小。"

之后的解释通常会对最初的思路进行"微调"：我们碰巧生活在宇宙中一个特殊的位置，这里的万有引力大小正合适，所以原子、恒星、行星和人类出现了。或者他们提出更高的空间维度，在那里，万有引力"泄漏"，所以它看起来变弱了。

或者，我们可以把注意力放在产生粒子质量的希格斯场上。于2012年被发现的希格斯玻色子质量很小，表明其场强并不特别大，将所有的粒子质量保持在较低水平。超对称和人工色模型理论专注于尚未发现的粒子或作用力，其作用是将希格斯场限制在几乎为零的观测强度内。

现在还无法通过实验证明哪种理论正确。迄今为止，除了希格斯玻色子之外，超对称性或者其他任何新理论都未能在大型强子对撞机产生的粒子碰撞中被检验到。"一无所获让我们很茫然。"斯特拉斯勒说。

希望未来的大型强子对撞机（正以最大的能量运行并产生比以往更多的粒子碰撞）试验可以提供给我们更多的线索。这就是最近LHC数据中出现变化的原因，这表明存在质量为希格斯玻色子6倍的粒子，而它并没有被标准模型预测到，这使得许多物理学家异常兴奋。但是，现在就下定论说这种变化会持续出现，或者，它将支持万有引力问题的某个解决方案，还为时过早。

——迈克尔·布鲁克斯

死期未到

你从几时开始可能死于衰老？

泛泛地说，当衰老引起身体衰竭时，会造成人身死亡。然而，除非我们成功研发出更准确的方式来衡量衰老造成的损伤，否则无法判断某个人的死亡是否跟衰老有关。

随着年龄的增长，你可能患上并死于许多疾病的概率越来越高，这包括癌症、心脏病、神经退行性疾病和骨质疏松症等。虽然生活方式和遗传会增加这些疾病的发病率，但良好的生活方式和幸运的遗传基因也拯救不了你——即使不抽烟，每天锻炼身体，饮食健康，人们依然会变老，死亡。

这是因为我们无法逃脱衰老的过程；我们会慢慢失去干细胞组织修复和再生的能力，同时积累 DNA 损伤及老旧细胞。这些过程很早就开始了——甚至可能从你还在子宫内时——但年龄和死亡之间真正建立联系是在青春期。从 13 岁左右开始，一个人的死亡概率每年都会呈指数级增长。

但是，将青春期癌症死亡归入因衰老而死亡，并不合适，尽管 DNA 损伤起了部分作用。那么人是从什么时候开始变老的？这是一个动态的变化范围，专家开玩笑说，一般的规律是，无论你现在多大，往前倒数十五年。

死亡概率

年龄

但也有一些更实用的定义。其中之一是多重病症。七十岁左右，我们开始积累与年龄相关的慢性疾病，如心脏病、关节炎、老年痴呆及糖尿病。在 2006 年，"纽卡斯尔 85+ 研究"发现，在 1000 多位 85 岁老人中，约四分之三患有 4 种以上的疾病。

所以，从某个角度讲，60 多岁死于中风并不一定是由衰老引起的，除非你还同时患有其他严重疾病。当一个人患有多种疾病时，其死因可能不太容易弄清楚，死于衰老就成了一个有用的说辞。

明确的、直接导致死亡的原因更有可能被填写在死亡证明书上，例如心脏骤停或肺炎。但是，死于衰老可以这样定义，即使它今天不是死因，明天也一定是。

每个人都在以不同的速度老去，无法准确预测个体会从多大年龄开始死于衰老。但是，正如人口学可以帮助我们确定平均预期寿命（现居住在英国的 65 岁的男性和女性的平均寿命分别为 84 岁和 86 岁），统计方法可以帮助我们计算出，从多大年龄开始，我们死于衰老的可能性会变得越来越大。

用这种方式，英国埃克塞特大学的戴维·梅尔泽及其同事可以为特定的人群预测由衰老引起的死亡。使用统计模型，他们可以将生命分为长、中、短或过早结束。对 1951 年出生的人口数据进行分析之后，他们发现 63 岁之前死亡的女性以及 58 岁之前死亡的男性，从统计学的角度来说，都属于过早死亡，这为不同性别的人可能死于衰老的年龄提供了参考。但是，这其中存在很多变量，他们的计算表明，大部分由衰老引起的死亡会发生在 81 岁以上的女性和 78 岁以上的男性中。所以我们可以说，在 80 多岁死亡可以被认为是"寿终正寝"——但我猜许多八旬老人不会赞同。

——彭妮·萨尔切特

活在现在

现在有多长？

一段弦有多长？"现在有多长"这个问题也给人一种无法回答、近乎形而上的感觉。但科学可以给我们答案；我们刚收到了许多不同的答案，从"零长度"到"你喜欢多长就多长"，各种答案都有。正如弦的问题一样。

时间流逝，此刻永存的感觉是人类最重要的经验之一。它定义的"现在"是一个没有长度的时间点，只是联结过去和未来的接口。但是，那种"现在"甚至对物理学家来说都太抽象了。时间不会流动——它像空间一样，也是一种维度，它一直存在。

爱因斯坦的相对论使得"封闭宇宙"这种理论显得很必要，即现在是相对的。从宇宙微波背景中取出一个光子。它向我们揭示了138亿年前大爆炸刚刚发生之后的一幅画面。但从光子的角度来看，它从此之后的旅程不曾花费时间，我们的现在、大爆炸时的现在，以及二者之间所有的现在，同时发生。从宇宙的角度来看，你可以任意定义现在的长度——你的答案都是正确的（或者错误的）。

但是，即使"现在"只是我们大脑中的一个幻觉，我们还是可以问"现在"到底有多长。德国弗莱堡心理与精神健康领域前沿研究所的马克·维特曼是《感知时间：关于我们如何感知时间的心理学》的作者。他认为有三个答案。

首先是"功能时刻"。这是我们区分两个刺激——例如在右耳和左耳边响起的嘀嗒声——需要的时间。它随着感觉变化，但通常是几十毫秒。

我们的大脑需要一点时间才能将各种刺激缝合成一个有意识的"经验时刻"。各种实验表明，这会持续两到三秒。例如听节拍器，如果下一个节拍出现在这个时间范围内，你可以轻松地跟着节拍轻轻敲手指或踮脚尖。然而，如果时间再长一些，你可能会发现自己在轻声数数，同步你的节拍。

我们的个人经验时刻被我们的工作记忆[①]进一步缝合，便产生了第三种"现在"——连续性和时间流逝的感觉。这个"现在"的长度是几十秒，但它的长短在很大程度上取决于我们大脑正在经受的刺激的密度。维特曼说："时间变慢的感觉——比如你正在等公交车，你感冒了，你的智能手机坏了——非常真实。相反，如果我们正在探索新的领域或有新的经验，我们的大脑会加快处理速度。"

如果有的话，这就是"现在"的核心本质。维特曼说："时间和自我的关联是错综复杂的。"所以，也许唯一有效的答案是活在现在——不管它有多长。

——理查德·韦布

[①] 指的是当我们处理其他任务的时候，我们大脑中存储的信息量。

现在有多长
How Long is Now？

致谢

  "最后的话"的成功应感谢许多人，尤其是麦克·奥黑尔、杰里米·韦伯、《新科学家》艺术团队、贝弗利·德瓦尔的共同努力，乔治娜·莱科克以及约翰·默里出版社，以及我们所有的投稿者，包括约恩·里奇菲尔德、迈克·福洛斯、戴维·缪尔、埃里克·克瓦朗、刘易斯·奥肖内西和其他一些人。

图片来源

P2，P37，P49，P86，P91，P118，P156，P165，P227，P291，P337：格子工作室

P27，P33，P107，P282：全景视觉

P181，P190，P272：海洛创意

P96，P174，P175：wikimedia commons